HOME
STORIES

WESTWING HOME STORIES

DELIA FISCHER

MIT TERESA MAYER

CALLWEY

INHALT

Willkommen zu Hause!

Wie aus einem Haus ein Zuhause wird, habe ich von meiner Mutter gelernt. Auch wenn wir ganz normal unter der Woche mit der Familie Abend gegessen haben, hat sie es immer schön und besonders gemacht. Nicht zwanghaft, stellen Sie sich bitte kein steifes Essen mit Silberbesteck vor. Es ging einfach darum, wertzuschätzen, dass wir uns haben und gemeinsam Zeit verbringen dürfen. Da stand mal ein Gläschen mit einer Blume aus dem Garten auf dem Tisch, es gab immer nette Servietten und im Herbst wurde eine schöne Kerze angezündet. Nichts besonders aufwendiges, aber kleine Details, die zeigen: Jemand hat hier viel Herz hineingesteckt.

Das Herzliche und Persönliche, das ein Zuhause ausmacht ist der Grund, weshalb mich lebendige Wohnungen und Häuser viel mehr inspirieren als komplett durchgestylte Show-Settings. Denn jedes Zuhause hat so seine Besonderheiten, die es einfach liebenswert machen: Sei es die Wohnung der Illustratorin, in der sich überall bunte Skizzen finden; der altmodische Kamin, der in Kombination mit den Möbeln einen eigenen Charme entwickelt; der begeisterte Fliegenträger, der seine Schätze nicht im Schrank versteckt, sondern dekorativ in einer Schale arrangiert; oder die Familie mit vier Hunden, bei denen viele Kuhfelle auf dem Boden liegen, damit die Hundehaare nicht auffallen – praktisch und chic!

Dieses fantasievolle „Manchmal aus der Not eine Tugend machen", das praktische „Hier lebt wirklich jemand und die Räume müssen im Alltag funktionieren", das liebevolle „Wir machen es uns nett", das entspannte „So bin ich eben", das sich in den Räumen wiederspiegelt, wollte ich zum Zentrum meines zweiten Buches machen. Hier öffnen ganz unterschiedliche Menschen aus der Westwing-Familie ihre Türen, aus unterschiedlichen Ländern, mit unterschiedlichen Geschmäckern, Stilrichtungen und Lebenssituationen.

Meine Koautorin Teresa Mayer und ich haben die Geschichten für Sie nach Stilen geordnet und waren fasziniert, wie unterschiedlich Purismus oder Landhaus aussehen können, wenn der Stil von einer Persönlichkeit gelebt wird! Was sie allesamt verbindet, ist, dass sie ganz viel Herz in ihr Zuhause gesteckt haben.

Und das ist für mich auch die Essenz dieses Buches: Eine Wohnung oder ein Haus zum Zuhause zu machen liegt in unseren Händen. Lieben Sie Ihr Zuhause, stecken Sie Herz rein und es wird Sie ebenso lieben und ein Stück glücklicher machen.

Nun viel Freude beim durchs Schlüssellochschauen!

» *Delia Fischer*
in ihrem
Wohnzimmer.

BOHO

Das Fernweh wohnt mit: Ob Kitsch wie eine Hula-Puppe aus Hawaii oder Kunst wie antike Silbertabletts aus einem marokkanischen Basar, Boho-Liebhaber holen sich die Welt nach Hause und integrieren sie in ein Reich aus starken Farben, Mustern und Materialien. Dabei mixen sie freimütig nach dem Goethe-Prinzip „Erlaubt ist, was gefällt".

BOHO

Hausbesuch

· · · · · · · · · · · · · ·

MÜNCHEN
MEETS
MARRAKESCH

CHARIN NAUMANN

Der ursprünglich hippieske und farben-
frohe Boho-Look bekommt bei Charin ein
Upgrade verpasst und wird mit subtilen
Tönen zu einem sehr coolen, modernen
Riad-Style interpretiert.

⩔ *Essenziell für den
Boho-Look: bunte
Souvenirs von Reisen,
die Fernweh-Feeling
ins Zuhause bringen.*

« *Ein massiver Holztisch mit Schnitzereien und eine Hochzeitsdecke, die zum Teppich umfunktioniert wurde, geben dem Esszimmer orientalisches Flair.*

„Ich liebe Orient-Details – auch in meiner Küche."

CHARIN NAUMANN

Ein kleines Stück Tausendundeine Nacht in der bayrischen Hauptstadt: Charin Naumann und ihr Ehemann David Thomas haben in München mit orientalischen Accessoires, glitzernden Decken und marokkanischen Lampen ihre Vier-Zimmer-Altbauwohnung in einen Wohntraum verwandelt, der an ein Riad in Marrakesch oder Tanger erinnert.

Das Entree wirkt herrschaftlich: Hohe Räume, edler Stuck ziert die Decken. Am Ende des langen Flurs liegt das Wohnzimmer, im Erker lädt eine gemütliche Sitzbank dazu ein, das Hier und Jetzt zu vergessen. „Diesen Diwan haben David und sein Vater gezimmert, meine Mutter hat den Bezug für die Polster genäht und ich habe die Kissen ausgesucht." Zum Stil passend hat die PR-Beraterin einen Couchtisch in Sternenform, ein Fundstück vom Trödel, davor platziert: „Viele meiner Lieblingsstücke habe ich zufällig aufgestöbert. Flohmärkte sind mein liebstes Jagdrevier."

Die Farbpalette ist wie fast überall in der Wohnung dezent in Weiß bis Naturtönen gehalten. Vor diesem Hintergrund kann das Auge auf Wanderschaft gehen. Schon vom Erker aus gibt es viel zu entdecken: den großen steinernen Buddhakopf mit rosafarbenen Pompons, der auf einer Truhe thront, ein antikes Schachbrett und Fatimahände, um die Vorhänge zusammenzuhalten. Die Reiselust der 26-Jährigen ist unverkennbar, ihr nächstes Ziel ist – natürlich – Marrakesch. „Ich liebe den Look und lasse mir ständig etwas von dort mitbringen", lacht sie.

Auch der detailreich geschnitzte Tisch im Esszimmer zeugt von dieser Liebe: „Nachdem wir Tischbeine und eine Glasplatte ergänzt haben ist er jetzt das Highlight jedes Dinners." Ergänzend schaffen orientalische Accessoires wie Tabletts aus gehämmertem Silber und bequeme Poufs ein Ambiente, das den Rahmen für eine Märchenhochzeit bilden könnte. Ein definitives Ja hat bereits die reich mit Silberpailletten bestickte Hochzeitsdecke bekommen, die hier als Teppich den Boden ziert.

Die Tochter einer Deutschen und eines Thailänders arbeitet in der Mode- und Beauty-PR, ihr Mann David ist Einkäufer bei einem Herrenausstatter. Dass Fashion bei dem Paar auch privat viel Raum einnimmt, beweist ein Blick ins Ankleidezimmer: Anzüge, High Heels, Handtaschen und Unmengen an knallbunten Armbändern wetteifern um Aufmerksamkeit. Im Schlafzimmer dagegen herrscht ruhige Eleganz in Schwarz und Weiß vor. Das Boxspringbett hat Charin mit bestickten Kissen und einer Tagesdecke zum Unikat gemacht. Eine alte Truhe in der Ecke sorgt für zusätzlichen Stauraum. Die Farben der gestreiften Vorhänge werden in der ebenfalls schwarz-weißen Bilderwand voller Hollywood-Ikonen wieder aufgenommen. Die Küche ist funktional eingerichtet, der kleine Holztisch ist perfekt für das Frühstück zu zweit. Am Kühlschrank hängen Schnappschüsse von einer Hochzeit, ein Einkaufskorb und eine Tasche bringen sogar hier Ethno-Chic in den Raum. Denn eines ist bei Charin und David klar: Wie in den Geschichten aus Tausendundeiner Nacht darf auch in ihrer Wohnung vor allem niemals Langeweile aufkommen.

» *Helle Farben und eine individuelle Bank mit vielen Kissen laden im Wohnzimmer dazu ein, von fernen Ländern zu träumen.*

⩔ *Schwarz und Weiß sind die dominierenden Farben im Schlafzimmer. Bestickte Textilien sorgen für eine Stimmung à la Tausendundeine Nacht.*

CHARINS BOHO-ESSENTIALS

ORIENTALISCHE OBSESSION

Mit Silber und Weiß als Grundtönen hat Charin eine ruhige Atmosphäre geschaffen, in der ihre Leidenschaft für besondere, oft orientalische Details wie Fatimahände oder gehämmerte Tee-Tabletts zu einem Boheme-Feeling de luxe verhelfen.

FREIHEIT UND FANTASIE

Einen Grundsatz des Boheme-Lebensstils hat Charin verinnerlicht: Nichts muss so bleiben, wie es ist. Zum Beispiel hat sie eine marokkanische Hochzeitsdecke vom Bett auf den Boden verfrachtet und zum Teppich gemacht.

BOHO

Hausbesuch

. . . .

VILLA
KUNTERBUNT

BETTINA HERHOLZ

Bettina lebte schon in Mexiko, Spanien, London und Paris. Ihre Erinnerungen und Eindrücke hat sie ganz diplomatisch in die weltgewandte Einrichtung ihres Hauses einfließen lassen.

» *Die sakrale Sammlung von Heiligenfiguren und -bildern bekommt im weltlichen Ambiente eine neue dekorative Bestimmung.*

Bettina Herholz ist viel gereist, hat in der Schweiz, England, Frankreich, Spanien und Mexiko gelebt und diagnostiziert bei sich selbst eine ausgeprägte Sammelleidenschaft. Der Einrichtung ihres Münchener Townhouses kommt das zugute – das pralle Leben quillt einem in Form von Souvenirs aus aller Welt, Mustern und farbenfrohen Räumen auf mehreren Etagen entgegen.

Die Designerin und Gründerin des Schmuck- und Accessoirelabels quatre fleurs kümmert sich nicht um Konventionen, sondern mixt bei der Einrichtung nach Herzenslust Biedermeier mit Babuschka-Figuren, bayrische Marienstatuen mit afrikanischen Federhüten, Blumenprints mit Suzani-Stoffen. Über allem wacht mit spöttischem Blick Frida Kahlo, die Lieblingsmalerin von Bettina. Gleich mehrere Bilder der Mexikanerin hängen verteilt im Bogenhausener Domizil, in dem die sechsköpfige Familie mit ihrer Magyar-Viszla-Hündin Frida – natürlich nach der Künstlerin mit den markanten Augenbrauen benannt – wohnt.

„Keine Scheu vor dunklen Farben –
sie funktionieren oft überraschend gut."

BETTINA HERHOLZ

Die satten Farben, die Frida Kahlo verwendet hat, greift die Mutter von vier Töchtern auch bei ihrer Einrichtung auf. Das Esszimmer ist mutig in einem seidenmatten Nachtblau gestrichen. „Man darf keine Scheu vor dunklen Farben haben – sie funktionieren oft überraschend gut", sagt Bettina. Antike Möbel und knallige Mohnblüten und Ranunkeln greifen die Farben auf dem großen Selbstbildnis über der Truhe wieder auf, ein schwarzer Kelimteppich mit bunten Blumen komplettiert den exotisch anmutenden Mix. Die Heiligenbilder, Blumenstillleben oder Porträts aus dem letzten Jahrhundert an der Wand hat die Hausherrin ersteigert. „Ich finde es spannend, eine Auktion zu besuchen, und komme fast immer mit einer Trophäe nach Hause."

Durch Flügeltüren geht es in das Wohnzimmer der Familie, dessen Wände dezent sind, damit der Rest des bunten Interieurmix eine Bühne hat. Auf einem beeindruckenden, antiken Sekretär vor dem Zimmer tummeln sich Entwürfe und Inspirationen für das Label quatre fleurs, das die Designerin nach ihren vier Töchtern, ihren Blumen, benannt hat. Echte Pflanzen und Blütenprints kommen dazu, ein Juju-Hat aus Hühnerfedern hängt an der Wand, Poufs und mehrere Couchen, die mit unterschiedlichen, bunten Stoffen von Designer's Guild bezogen sind, laden zum Relaxen ein. Jede Menge Tabletts mit Kerzen und kleinen Vasen streiten in dem stilistischen Tohuwabohu um Aufmerksamkeit, ohne das Auge jedoch zu ermüden. Im Gegenteil:

Obwohl hier viel los ist und beinahe die komplette Farbpalette zum Einsatz kommt, wirkt der Raum äußerst harmonisch.

In der salbeigrün gestrichenen Küche geht es mit dem bunten Treiben weiter. Hier sorgt eine kleine Bastion von Madonnenfiguren für den richtigen Spirit beim Abendessen und Frühstück, das am Tisch mit einer auffällig begonienfarbenen Platte eingenommen wird. Nichts wirkt konzipiert, sondern Gebrauchsgegenstände und Erinnerungsstücke gehen eine zufällige Allianz ein. Wie eine Patchwork-Decke, die Stück für Stück wächst und sich irgendwann zu einem großen Ganzen formt.

Vom Erdgeschoss bis unter das Dach setzt sich diese unkomplizierte Haltung fort. Die Zimmer der Mädchen spiegeln deren Persönlichkeiten wider, das Schlafzimmer der Eltern im Dachgeschoss in saftigen Beerentönen zeugt vom unkonventionellen Charakter des Paares. Auf dem dunklen Holzboden steht ein Bett mit kapitoniertem Kopfteil aus Samt, darauf liegt ein Plaid mit Blütenumrissen und in der Sitzecke mit einem kleinen Samtsofa kann man langsam mit einem Kaffee oder Tee in der Hand wach werden. Inspiration für die Herausforderungen eines neuen Tages sammelt Bettina auf dem Moodboard über ihrem Schreibtisch, das beinahe selbst wie ein Kunstwerk wirkt. Aber eigentlich ist das gesamte Townhouse eine Installation, in der Fernweh, Boheme und ein großzügiger Umgang mit Farben inszeniert werden.

....

« *Die vier Töchter und Hündin Frida sind Mitbewohner, die den fröhlichen Stilmix zu schätzen wissen.*

....

....

» *Farben, Muster, Materialien – im Wohnzimmer schöpft die Hausherrin aus dem Vollen und schafft so eine ganz eigene Atmosphäre.*

....

» *Die Küche in Pink und Grün ist ein Ort, an dem die Familie zusammenkommt. Die Heiligenfiguren sorgen für den richtigen Spirit.*

BETTINAS
BOHO-
ESSENTIALS

KOLORISMUS

Das Esszimmer strich Bettina in einem magischen Nachtblau und kombinierte dunkle Holzmöbel dazu. Blumen in Knallfarben wie Pink, Orange und Gelb haben vor diesem Hintergrund eine nahezu magische Strahlkraft.

SAMMLERMUT

„Heilige Mutter Gottes", kann man in der Wohnung in fast jedem Zimmer ausrufen. Bettina sammelt seit Jahren Marienfiguren und Heiligenbilder, die sie gerne in anderen Kontexten in Szene setzt. Ob ihr Sakral-Sortiment jedem gefällt, ist dabei nebensächlich.

LEBENSWERKE

Antiquitäten umgibt oft eine Aura des Unantastbaren. Bettina benutzt ihre Altertümer auch im Alltag und hat einen Biedermeiersekretär im Flur zur Ausstellungsfläche für Armbänder ihres Labels quatre fleurs und kleine Erinnerungsstücke erklärt.

VII – VERY IMPORTANT IMPORT

Boho lebt vom Fernweh und holt sich die Welt nach Hause. Wenn Boho-Fans wie Bettina reisen, nehmen sie fast immer Übergepäck in Kauf, um Teppiche, Spiegel oder Schnitzereien mitzubringen.

PLAGIAT

Es ist vollkommen legitim, von der Kunst abzukupfern, wenn man es geschickt wie Bettina macht. Aus den Werken ihrer Heldin Frida Kahlo hat sie sich Inspirationen für Farbkombinationen geholt.

BOHO
Hausbesuch
....

INTERIOR
JUNKIE

ELISAH JACOBS

Elisahs Blog heißt Interior Junkie. Ihr Haus in Amsterdam ist ein Rausch an Unangepasstheit, wo wild durcheinander und doch harmonisch Retro-Möbel, bunte Accessoires und romantische Nostalgie wohnen.

» In der Küche lädt die gemütliche Essecke im Industrial-Look zur entspannten Dinner-Runde ein.

⩘ Alte Obstkisten dienen als Display für Lieblingsfächer und Deko.

Als kleines Mädchen zeichnete Elisah Jacobs Grundrisse und baute bunte Häuser aus Lego. Vor vier Jahren kaufte sie ein reales 100 Quadratmeter großes Domizil mitten in Amsterdam und ihre Leidenschaft aus der Vergangenheit lebte wieder auf. Sie beschloss kurzerhand, den Kurs zu ändern, kündigte ihren Job bei einer Modezeitschrift und gründete ihr eigenes Blog Interior Junkie.

Ursprünglich kommt die Bloggerin aus Zwolle in der niederländischen Provinz Overijssel, ist aber ein Stadtmensch aus Überzeugung. „Mich macht die Stille in einem Dorf verrückt. Wenn ich meine Haustür öffne, will ich das volle Leben sehen!" Und das tut sie in ihrem kleinen zweistöckigen Haus, einem 80er-Jahre-Bau mit großer Dachterrasse. Das pralle Leben könnte auch das Motto ihres Wohnstils lauten. Elisah mischt mutig Vintage mit Industrialdesign und bewusst gesetzten Farbakzenten. Im Schlafzimmer kombiniert sie etwa einen filigranen Teakschreibtisch aus den 60er-Jahren und den passenden Stuhl mit einem modernen, leuchtend gelben Regal aus der Totem-Kollektion von Pastoe aus Utrecht.

„Fröhliche Farben machen glücklich."

ELISAH JACOBS

» *Unikate und Erbstücke werden im Wohnzimmer zusammen mit trendigen Accessoires in Szene gesetzt.*

» *Der Mix aus Alt und Neu, Farbe und zurückhaltenden Tönen ist raumübergreifend eingesetzt und funktioniert als Thema perfekt.*

» *Besondere Stücke verdienen eine besondere Bühne – ob auf einem alten Koffer der Großeltern oder in einem kleinen Gewächshaus.*

In der großzügigen Küche überwiegt Industriecharme: Vor dem massiven, dunklen Holztisch – ein Eigenentwurf, den ein Schreiner in Utrecht mit Altholz umgesetzt hat – steht eine passende Bank, die mit alten niederländischen Postsäcken bezogen wurde. Darüber prangen zwei schwere Fabrikstrahler, die die 30-Jährige in einer Scheune in Ostholland entdeckt hat. Die Sammlung alter, bunter Kaffee- und Teedosen ist auch hier der entscheidende Farbklecks, der für Auflockerung sorgt.

Vintage-Fundstücke, die teilweise eine neue Bestimmung gefunden haben, sind die besonderen Merkmale von Elisahs Stil. Highlights sind zum Beispiel der verrostete Rollschrank und die alten Obstkisten, die jetzt an der Wand als individuelle Bücherregale fungieren. Wie vieles in ihrem Haus hat Elisah auch diese Delfter Holztragen zufällig entdeckt. Antikmärkte und Wohltätigkeitsläden sind wahre Fundgruben, findet die Bloggerin. „Kaufen Sie von kleinen Händlern, die haben oft ganz einzigartige Dinge, die man sonst nirgendwo findet", rät sie.

Die Lieblingsstücke im Haus sind allerdings Erbstücke. „Die Koffer, die heute bei uns als Couchtisch und Podest im Wohnzimmer im Mittelpunkt stehen, gehörten den Großeltern meines Freundes. Sie sind damit während des Zweiten Weltkriegs aus Indonesien in die Niederlande geflohen und hatten ihr ganzes Leben in diese zwei Kisten gepackt. Für uns haben diese Andenken einen sehr emotionalen Wert. Niemals würden wir uns davon trennen."

Über vier Jahre hat Elisah gebraucht, um alle ihre Schätze und Unikate zu finden und das Haus zu vervollständigen. „Geduld ist beim Einrichten eine wichtige Tugend, damit Mensch und Wohnraum gemeinsam wachsen können", sagt sie. Ein bisschen wie bei Lego: Je mehr Muße sie früher aufbrachte, desto beeindruckender wurden ihre Häuser.

ELISAHS BOHO-ESSENTIALS

NEBEN DER SPUR

Drucke, Fotos und Zeichnungen – persönliche Erinnerungen oder Familienerbe – müssen nicht in Reih und Glied stehen. Elisah hat Bilderleisten an einer Wand versetzt angebracht und präsentiert so ihre gerahmte Kollektion.

TRAGENDE ROLLE

Alte Überseekoffer, Truhen oder Vintage-Hutschachteln haben viel gesehen. Bei Elisah dürfen sie als Beistelltisch oder Sideboard weiterhin am Leben teilnehmen. In ihrem Fall erzählen zwei Metallkisten sogar ein dramatisches Stück Familiengeschichte.

STACHELIGE MITBEWOHNER

Kakteen stacheln das Fernweh an, weil sie an Wüstenregionen, an Dschungel, an ferne Länder erinnern. Perfekt also, um die Weltenbummler-Mentalität eines Boho-Enthusiasten zu unterstreichen. Außerdem sind die Trendpflanzen so pflegeleicht, dass sie Elisah auch längere Auszeiten verzeihen.

Hausbesuch

....

EIN PLATZ
AN DER **SONNE**

ALEXANDRA TOBLER

Brasilien steht für pure Lebensfreude. Das spiegelt auch Alexandras zu Hause wider, in dem ihre Töchter viel Platz zum Spielen haben und auch die Bereiche der Erwachsenen kreative Freiräume sind.

» *Leuchtende Farben versprühen ein Gefühl von Lebensfreude und werden unkompliziert gemischt.*

Bunt wie der Karneval auf den Straßen São Paulos, beeindruckend wie die Serra do Mar und entspannt wie die Paulistanos selbst – das ist das Zuhause von Alexandra Tobler, Style Director Westwing in Brasilien.

Ihr beruflicher Werdegang zeugt von Neugierde und Mut: Sie hat Industriedesign in Mailand und Brasilien studiert, ein Semester visuelle Kommunikation in Boston drangehängt, ein Modelabel gegründet, bei Brasiliens Interieur-Queen Esther Giobbi als Designerin gearbeitet und schließlich Westwing in ihrer Heimat gestartet. Nebenbei ist sie noch Mutter von drei Töchtern, Ehefrau und Immobilienbesitzerin. „Als ich anfing, nach einem Zuhause für unsere recht groß gewordene Familie zu suchen, wollte ich vor allem Platz." Eines Tages entdeckte sie ein 240 Quadratmeter großes Apartment in São Paulos Stadtteil Morumbi, hat es gekauft und in Eigenregie saniert.

Gleich unten beim Eingang tritt man in einen großen Raum, das Spielparadies der Kinder mit offener Küche. „Ich musste die Möglichkeit haben, gleichzeitig ein Auge auf's Essen zu haben und mit den Kindern zu toben", erzählt Alexandra lachend. Unter dem Fenster sind Holzschubkästen eingebaut, in denen Spielzeug und Unordnung bei Bedarf schnell verschwinden. Das Sofa ist dreieinhalb Meter lang und für gemeinsame Popcorn- und Filmsessions gedacht. In dem Kinderzimmer, das sich die Mädchen teilen, do-

miniert (natürlich) die Farbe Pink. Das obere Etagenbett verschwindet hinter einer Art Gartenzaun, der perfekt zu der Baumtapete von Ferm Living passt. „Ich hatte die Vision von einem Zimmer à la Alice im Wunderland", erzählt die stolze Mutter, die ihren Mädchen dieses Fantasialand liebevoll eingerichtet hat.

Auch in ihrem eigenen Schlafzimmer hat Alexandra zum typisch weiblichen Farbton bei der Bettwäsche und Bildern gegriffen, ihn aber mit einer rustikalen Holzwand aus alten Planken konterkariert.

Auf der zweiten Etage liegt der Wohnbereich der Erwachsenen mit Zugang zur Terrasse. Wie überall in der Wohnung setzt Alexandra auf einen polierten Betonboden, der strapazierfähig ist und ein einheitliches Gesamtbild vermittelt. Zusammen mit der unverputzten Ziegelwand kommt der ursprüngliche Loft-Charakter zum Vorschein. Vom Esstisch blickt man auf den Outdoorbereich, der mit Kies ausgelegt ist und mit vielen Grünpflanzen zu einem vertikalen Garten verwandelt wurde. „Diese sonnige Lounge ist der perfekte Ort zum Entspannen", sagt die viel beschäftigte Hausherrin. Sollte die Sonne selbst São Paulo einmal im Stich lassen, kann man auch indoor zum Beispiel auf dem roséfarbenen Sofa über neue kreative Projekte nachdenken. Vermutlich sind so auch die beiden Sessel, die Alexandra von ihrer Großmutter geerbt hat, zu ihrem neuen Bezug gekommen. Oder die Bilder entstanden, die an den Wänden hängen und alle von Alexandra selbst gemalt wurden. Komplettiert

„ *Der perfekte Ort zum Entspannen.* "

ALEXANDRA TOBLER

wird der ideenreiche Mix von einem Kronleuchter, ebenfalls ein Familienerbstück, einer bunten Kerzenhaltersammlung und einem türkischen Flickenteppich.

Schafft Alexandra etwas Neues an, muss es ihre vier Wände bereichern. Da sie Design mit jeder Faser ihres Seins lebt, ist die Liste mit potenziellen Kandidaten allerdings ziemlich lang. Als sie uns hinausbegleitet, zeigt sie uns ein ehemaliges Objekt ihrer Träume, das jetzt im Erdgeschoss steht: den gestreiften Sessel von B&B Italia aus der Serie Up. Bunt wie die Wohnung von Alexandra Tobler, beeindruckend wie ihre Karriere und ein perfektes Plätzchen für die Paulistana zum Entspannen.

⌄ *Beton als Boden-belag schafft eine einheitliche Basis, auf der die verschiedenen Bereiche wie Wohn-zimmer oder Küche ihren eigenen Stil dokumentieren.*

» *Muster und Epochen, Kitsch und Design gehen in dem brasilianischen Apart-ment Hand in Hand.*

» *Im Kinderzimmer ist immer was los.*

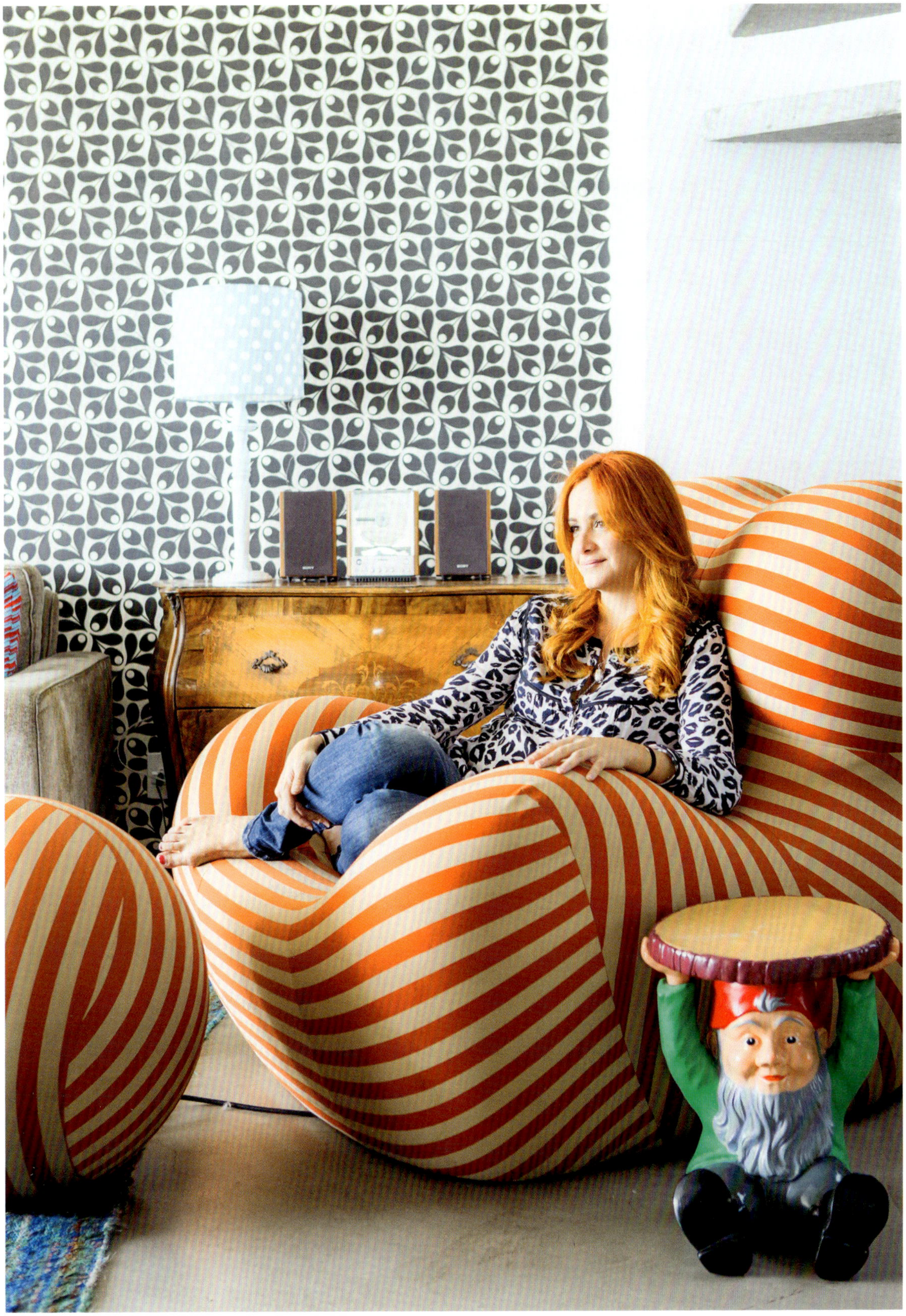

ALEXANDRAS
BOHO-
ESSENTIALS

MIX AND MATCH
Passt nicht, gibt's nicht. Alexandra kombiniert mutig Sessel, die mit einem Ikat-Muster in Pink, Türkis und Gelb leuchten, zu einem türkischen Gobelin mit Blumenmuster, der mehr Farben in sich vereint als ein herkömmlicher Tuschkasten.

FANTASIALAND
Kinder sollen Kinder sein dürfen, findet die Mutter von drei Töchtern und hat nicht nur ein riesiges Spielzimmer bei der Renovierung eingeplant, sondern auch mit Baumtapete, Gartenzaun und Blumenranken das Schlafzimmer wie ein verwunschenes Gartenhäuschen gestaltet.

RUHEZONE
In einem Ambiente voller Farben und Muster muss es auch Räume der Stille geben. Auf der Terrasse mit vertikal angepflanzten Farnen, Gräsern und Palmen kann sich das Auge in einer Oase aus Grüntönen und Naturnuancen erholen.

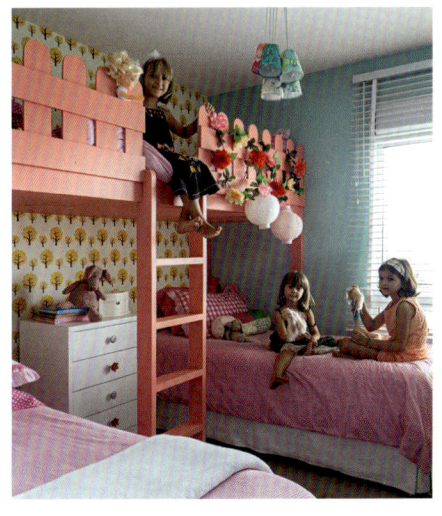

m

IX UND MATCH – DAS IST DAS MOTTO DIESES
FREIGEISTIGEN WOHNSTILS. AUS FARBEN,
MUSTERN UND MATERIALIEN WERDEN GANZE
WELTEN VOLLER INSPIRATION.

» Der Charme von dieser Pendelleuchte von Industrial Delight hält
auch nicht vor Boho-Fans. Perfekt
für die Küche!

⌃ Grafiken aus unterschiedlichen
Mustern und Farben – wer länger
hinschaut, geht auf eine Reise.

⌄ Aus Porzellan und Metall stammen
diese schönen Kerzenständer von
Nordal. Verschönern jeden Tisch und
Kommode.

⌃ Unzählige Erin-
nerungen stecken
am selbstgemach-
ten Moodboard –
schöner Wand-
schmuck!

« Auf dem Ledersofa ist Platz für die
ganze Familie und die vielen Freunde.
Klassische Grundierung und mit vielen
Boho-Accessoires verwandelbar.

Schöner kann ein Kissenbezug nicht sein: Von Pailletten über Kordeln bishin zu kleinen Stickereien und Mustern – perfekte Boho-Umsetzung für das Wohnzimmer.

» Versprochen, dass Sie aus dem Sessel Mailand gar nicht mehr aufstehen wollen! Er ist wahnsinnig gemütlich und verleiht jedem Raum den modernen Touch.

⌃ Dieser Juju Hat aus Bast und Hühnerfedern ist für alle Boho-Liebhaber ein absolutes Must-have für die Wand.

KLASSIK

Dezent, zurückhaltend, zeitlos – das sind die Schlagworte, die klassisches Wohnen am besten beschreiben. Damit die klare Formsprache von Möbeln und Accessoires – in symmetrischen Settings! – zur Geltung kommen kann, eignen sich sanfte Farben wie Creme oder Greige perfekt. Hochwertige Materialien und langlebiges Design sorgen dafür, dass man über Jahre Freude an dem Look hat, besondere Sammlungen und kleine Arrangements geben hier eine überraschende Note.

Hausbesuch

···············

KLASSISCHE
ÄSTHETIK

THORSTEN OSTERBERGER

Inspiriert von der Berliner Salonkultur hat Thorsten sein Heim mit Möbelklassikern, ausgewählter Kunst und besonderer Deko in ein Klassik-Zuhause par excellence verwandelt.

Die Hausfassade ist für Berliner Verhältnisse geradezu unscheinbar. Die inneren Werte aber entsprechen einem Epochen übergreifenden Schönheitsideal. Thorsten Osterberger, Creative Producer und Agent, ist ein Ästhet – und das merkt man jedem der klassisch-elegant gestylten 150 Quadratmeter seiner Wohnung in Mitte an.

Wie jeder Kreative hatte Thorsten eine Vision, als er in die neue Wohnung zog. Für das Ess- und Wohnzimmer ließ er sich von der Berliner Salonkultur inspirieren und gibt heute in den beiden Räumen gemeinsam mit seinem Partner Stefan Gruber, der gastronomische Projekte berät und Veranstaltungsorte vermarktet, beliebte Soireen. Die antike Biedermeier-Kommode, ein Erbstück, hält zu diesem Zweck Destillate der Brennerei Rochelt und Kristallgläser parat, die Wohnzimmer-Sitzgruppe in softem Karamell lässt sich für alle Eventualitäten jederzeit verschieben,

„sodass man schnell ein anderes Ambiente schaffen kann", erklärt der 38-Jährige. Der Couchtisch aus dunklem Palisanderholz auf dem edlen Tafelparkett wirkt wie ein Fixpunkt im Raum, die Beistelltische mit Marmorplatte erscheinen dagegen nahezu filigran. Zu den klassischen Erdtönen setzt Thorsten feine Metallakzente. „Objekte aus Messing wie der Deko-Fischreiher harmonieren besonders schön und sind dezenter als Gold", findet er. Auch die Wandfarbe Elephant's Breath der britischen Traditionsfirma Farrow & Ball unterstreicht die unaufgeregte Atmosphäre. Aus dem Häuschen geraten Besucher aber bei der Kunst, die Thorsten Osterberger sammelt. Über dem Sessel hängen sechs Drucke von Georg Baselitz. Auf dem Gallery Weekend in Berlin entdeckt er auch immer neue, junge Künstler. „Wie den neo-surrealistischen Maler Radu Belcin. Ich habe mir gleich zwei Bilder von ihm bestellt", erzählt Thorsten.

» *Klassische Erdtöne verschmelzen im Wohnzimmer mit Gold-Akzenten und Drucken zu eleganter Salonkultur.*

....

⌃ *Aktbilder und die Papageien-Sammlung sorgen bei Diners für Gesprächsstoff.*

« *Clever: Die Kommode wird zur eleganten Hausbar.*

....

Auch im Esszimmer fällt der Blick auf ausdrucksstarke Aktbilder von Winston Torr, ein befreundeter Künstler. Außerdem findet sich auf dem Regal eine besonders geliebte Sammlung: Papageien aus feinstem Porzellan von KPM, Fürstenberg oder Meissen. Die Freischwinger aus Korbgeflecht von Marcel Breuer für Thonet hat Thorsten ebenfalls über Jahre zusammen gesammelt, und auch die weißen Vasen aus Porzellan, die der Creative Producer auf einem schwarzen Beistelltisch arrangiert, sind liebevoll kuratiert.

Selbst in der großen Wohnküche setzt der Hausherr auf individuelle Fundstücke. Neben einer originalen Bauhaus-Kommode aus den Dreißiger Jahren dient eine Ess-gruppe aus den Siebzigern als Küchenmobiliar. Der gebürtige Bayer stöbert in seiner freien Zeit ständig nach Dingen mit besonderer Geschichte oder Seltenheitswert. Eines seiner Highlights ist sicher eine Kommode, die Jahrzehnte in der Amerikanischen Botschaft am Pariser Platz stand und Staatsgäste beeindruckte.

....

⌃ *Im Bad setzen
Lieblingsdüfte und
Pflegeprodukte in
schönen Tiegeln am
Waschbecken einen
eleganten Akzent.*

« *Im Schlafzimmer
spendet eine Kugel-
glaslampe angenehme
Beleuchtung neben
dem weißen Box-
springbett.*

....

Den Nachttisch und die Kommode im Schlafzimmer musste
Thorsten zum Glück nicht lange suchen, es sind Erbstücke seiner
Urgroßmutter. Maiglöckchen und weiße Rosen duften sinnlich,
der gerahmte Linoleumschnitt des Oldtimers addiert eine männ-
lich-elegante Aura. Er stammt von der Illustratorin Kera Till,
deren Agent Thorsten Osterberger ist.

Krönender Abschluss des Besuchs bei dem Stylisten diverser
Hochglanzmagazine von Burda, Axel Springer oder Gruner und
Jahr ist natürlich ein Blick ins angrenzende Badezimmer. Seine
Lieblingsdüfte von Geoffrey Beene, Hermès, Tom Ford oder
Balmain reihen sich mit Pflege von RéVive, Kiehl's und Luxsit
Organic Care am Waschbecken aneinander. Klassisch, edel – so
wie die ganze Wohnung des kreativen Allroundtalents, in der
sogar Mischlingshund Fritz irgendwie farblich ins Konzept passt.

KLASSIK
Hausbesuch

· · · · · · · · · · · · · · ·

KLASSISCHE
WERTE

CHRISTIAN KRABICHLER

Dass ein perfektes Essen vor allem gute Zutaten braucht, weiß ein Foodjournalist wie Christian Krabichler. Er hat das Prinzip auch für die Einrichtung seiner Wohnung verwendet und mit hochwertigen Möbelklassikern ein exquisites Ambiente geschaffen.

Unten auf der Straße bimmelt es unaufhörlich. „Das ist der Gemüsemann", erklärt Christian Krabichler oben in seiner Schwabinger Wohnung. Irgendwie eine passende Untermalung für einen Besuch beim Münchener Buchautor, Food-Journalisten und Coach. „PUR – Rezepte aus der neuen deutschen Küche" (Christian Verlag) ist der Titel seines Kochbuchs, das letztes Jahr erschienen ist. Gleichzeitig scheint es aber auch das Motto für seinen Wohnstil zu sein: viel Weiß gepaart mit ausgewählten Möbelklassikern und dezenten Asia-Anklängen.

Im hellen Wohnzimmer bieten zwei weiße Couchen viel Platz für Gäste, auf dem passenden Hocker stapeln sich Bildbände und Auktionskataloge von Christie's und Sotheby's. Ein Strauß weißer Hortensien fügt sich stilsicher in das Ambiente ein. „Wenn ich Blumen kaufe, dann immer in dieser Farbe. Meistens Dahlien, Pfingstrosen, Orchideen oder eben Hortensien", gesteht der Hausherr. An der Wand gegenüber hat er Konstantin Grcics „Chair One" in Rot, Helmut Newtons „Big Nude" sowie gerahmte Schwarz-Weiß-Bilder von Marilyn Monroe und den Kennedys zu einem Stillleben auf dem Parkett arrangiert. Auf dem Regal wachen antike Fu-Hunde, die Christian aus Hongkong im Handgepäck transportiert hat, über die Harmonie des Raumes. Ein Hauch von Fernost auch im Flur: Auf der Meditationsbank aus Kupfer wendet sich der viel beschäftigte Entrepreneur jeden

» Im Flur begleitet ein
entspannter Zen-Stil
die tägliche Medita-
tion auf der kleinen
kupfernen Bank.

« Stillleben mit Grcic-
Stuhl und Newton-Akt
auf dem Parkett des
Wohnzimmers.

« *Klassische Elemente und Asiatika sind der Rahmen, der das Wohnzimmer zu einem stilvollen Ort macht.*

⌃ *Porzellanvasen und -figuren lockern gut platziert das Ambiente auf.*

„Gute Stühle sind wie gute Schuhe."

CHRISTIAN KRABICHLER

CHRISTIANS
KLASSIK-
ESSENTIALS

ATELIER-FEELING
„Anstatt Bilder aufzuhängen, lehne ich sie in Gruppen an die Wand. So kann man sie ganz leicht immer wieder mal wechseln – und es bleibt interessant."

BLEIBENDE WERTE
„Ich bin kein Fan von Wegwerfgegenständen und investiere in gute Qualität." Da Möbel ihre Besitzer lange begleiten, sollte man lieber Klassiker anschaffen, es lohnt sich auf lange Sicht.

TISCHKULTUR
Bis ins kleinste Detail plant Christian seine Dinner-Arrangements. Deshalb legt er auch Wert darauf, dass Getränke in den passenden Gläsern serviert werden, erst dann können Wein oder Champagner ihren vollen Geschmack entfalten.

RESPEKT VOR EIGENEN BEDÜRFNISSEN
Ein Kochbuchautor und Foodjournalist verbringt viel Zeit in der Küche. Deshalb ist der im Kühlschrank integrierte Fernseher keine Spielerei, sondern dient tatsächlich der Unterhaltung während stundenlangen Rezeptentwicklungen oder Menüvorbereitungen.

⌃ Am Herd wird experimentiert, bei der Einrichtung der Küche aber auf klassisch-professionelle Edelstahl-Optik gesetzt.

« Das Esszimmer ist mit Designklassikern wie dem Tulip Table und Eames-Stühlen eingerichtet. Gedeckt wird mit ausgesuchtem Porzellan und Kristall.

Morgen eine halbe Stunde nach innen. Am Ende des langen Ganges geht es weltlicher zu. Das Esszimmer ist mit Designklassikern wie Eero Saarinens Tulip Table mit Marmorplatte und weißen Eames-Stühlen möbliert. „Gute Stühle sind wie gute Schuhe", sagt Christian Krabichler und ergänzt: „Da uns Möbel lange begleiten, sollte man auf hervorragende Qualität achten, in Klassiker investieren und mit der Zeit ein Feeling entwickeln, welche Dinge zu einem passen." Sein Gefühl hat bei der Tischdekoration jedenfalls zu geschliffenen Gläsern von Baccarat, silbernen Platzkartenhaltern in Ananasform, Duftkerzen und Porzellan von KPM Berlin geraten. „Wenn ich eingeladen bin, achte ich immer auf die Gläser. Denn teures Geschirr ist wenig sinnvoll, wenn das Kristall nicht passt." Gegenüber auf dem taupefarbenen USM-Regal können sich die Augen an einem Set asiatischer Vasen, weißen Dahlien und einer alten Silberkanne sattsehen.

Für einen vollen Magen wird in der Küche nebenan gesorgt. Eine Kochinsel aus Edelstahl und Spielereien wie ein im Kühlschrank integrierter Fernseher zeugen davon, dass hier ein Mann am Herd steht. Christian Krabichler lacht und greift zu seinen Pfannen und eigenen Gewürzdosen „Mr PUR", um endlich loszulegen – am liebsten bereitet er Rezepte aus dem eigenen Kochbuch zu. Rosenkohl mit Bacon oder veganer Schokoladenkuchen stehen bei seinen Freunden besonders hoch im Kurs. Auch die indisch angehauchte Kartoffel-Kerbel-Suppe ist inzwischen ein Klassiker, den er gerne serviert. Gut, dass der Gemüsemann immer noch unten auf der Straße bimmelt und die Zutaten dafür bereithält.

Hausbesuch

....

HAMPTONS-FEELING
IN HESSEN

SIMONE UND THORSTEN SCHRÖDER

Wie die jungen Kennedys fühlt sich das Paar in seinem hessischen Heim. Der Look der Ostküsten-Upperclass stand Pate bei der Renovierung von Simones Elternhaus und wurde konsequent durchgehalten.

⩔ *Hunde sind auch bei der Dekoration in elegantem Schwarz und Weiß das bestimmende Thema.*

Tritt man in das Haus von Simone und Thorsten Schröder, glaubt man, in den Hamptons gelandet zu sein. Dabei wohnen die beiden Gründer der Deutschen Gesellschaft zum Schutz des Hundes im hessischen Wetzlar – zusammen mit insgesamt 16 Pfoten.

Die Eleganz des klassischen amerikanischen coastal living zieht sich durch das Landhaus des Paares. Schwarz, Weiß und Naturtöne sind die dominierenden Farben – mit einigen Ausflügen in maritime Blau-Nuancen. Bichon-Frisé-Mischling Lotte aus Griechenland, Königspudel Louis aus zweiter Hand, Kleinpudel Lasse und Labradormix Herr Lehmann, beide aus Ibiza, sorgen dafür, dass das Heim bei allem Upperclass-Ambiente immer sehr lebendig wirkt.

„Das Haus ist mein Elternhaus. Es stammt aus den 60er-Jahren und war nach einem ersten Umbau zunächst in zwei Wohnungen unterteilt", erzählt Simone. Sie und ihr Mann haben die Elemente 2011 wieder zu einem großen Zuhause zusammengefügt. Ein Aufwand, den beide anfangs unterschätzt haben. „Während des Umbaus haben wir im Haus gewohnt und sind von Zimmer zu Zimmer gezogen, bis endlich alles fertig war", erzählt das Ehepaar. Schon auf den ersten Blick im Treppenhaus ist sicher, dass sich die Strapazen gelohnt haben. Dort, wo früher ein Esszimmer war, wurden Decken und Wände durchbrochen und die majestätisch wirkende schwarz-weiße

« *Der Eingangs-
bereich zeigt, wie
effektvoll Schwarz-
Weiß sein kann.*

⌃ Durch die Symmetrie der Einrichtung im Esszimmer herrscht eine ruhige Atmosphäre.

Treppe eingebaut. „Sie wurde in der Schreinerei angefertigt, vor dem Transport wieder auseinandergenommen und im Haus Stück für Stück erneut zusammengesetzt – ein Riesenspektakel", lachen sie rückblickend. Simones clevere Idee: Unter der Treppe hat sie genügend Stauraum einbauen lassen für Kissen oder Polster der Terrassenmöbel. Wo sich vorher die Küche der oberen Wohneinheit befand, entstand eine Lounge-Ecke mit kleiner Pantry und einer ausladenden Bibliothek. Das weiß lasierte Eichenparkett wird nur von einigen hellen und dunklen Kuhfellen bedeckt und ist eine Basis, auf der taubenblaue Sessel und ein Sofa zum Relaxen einladen.

» *Der elegante Ostküsten-Charme wird durch Felle und Muster unterstützt.*

Die Herrenankleide, alte maßgeschreinerte Wandschränke mit Fächern und Schubladen aus Mahagoni- und Rosenholz, wurde von der Modernisierung weitestgehend verschont, lediglich die Fronten sind dem Ostküsten-Stil angepasst. „So etwas ist feinste Handarbeit und man sollte sorgfältig abwägen, welche Dinge bleiben dürfen oder gehen müssen", sagt Simone. Für sie birgt das Haus natürlich manch liebevolle Erinnerung, die ehemalige Hausbar zum Beispiel ist so eine Reminiszenz. „Wenn mein Vater abends nach Hause kam, hat er sich einen Dry Martini gemixt und dazu Sinatra gehört", schmunzelt Simone. Sie hat die im Wandschrank des Esszimmers integrierte Bar neu gestrichen, LED-Leuchten angebracht und ein Bild ihres Papas darüber aufgestellt.

☆ *Taupe und mariti-*
me Nuancen machen
die Leseecke im
ersten Stock zu einer
Insel der Ruhe.

» *Simone Schröder*
setzt sich aus
vollem Herzen
für ihre vier
Vierbeiner ein.

„Während des Umbaus haben
wir im Haus gewohnt und sind von
Zimmer zu Zimmer gezogen."

SIMONE UND THORSTEN SCHRÖDER

PARALLELWELT

Symmetrische Arrangements tun dem Auge gut, wirken aufgeräumt, klar und in sich stimmig. Der Effekt lässt sich mit zwei identischen Lampen auf einem Sideboard, einer geraden Anzahl an Bildern oder gleichmäßig angeordneten Kissen erzielen.

KONSEQUENTE FARBGEBUNG

Weiß und Schwarz sind die vorherrschenden Töne im Zuhause von Simone und Thorsten. Spannend wird die zeitlose Kombination durch verschiedene Materialien wie Kuhfelle, Leder oder Wildseide. Softe Farbkleckse in Taupe oder maritime Nuancen lockern gezielt auf.

HUNDEGLÜCK

Sauberkeit ist Simone wichtig, auch oder gerade als Besitzerin von vier Hunden. „Bevor es nach dem Gassigehen zurück ins Auto oder Haus geht, mache ich wenigstens schon mal sechzehn Pfoten sauber. Ein feuchtes Mircofasertuch hilft gegen Hundehaare. Und passiert mal ein Malheur, verwende ich Gall- oder Kernseife, denn die Magensäure der Hunde greift Leder und Stoffe an."

SCHÄTZE SCHÄTZEN

„Bei einer aufwendigen Renovierung sollte man genau wissen, welche Dinge man behält. Handarbeiten und Maßanfertigungen wie die in der Herrenankleide, wo Rosenholz und Mahagoni verarbeitet wurden, muss man zu schätzen wissen."

⌃ Die großzügige Dimension des Hauses ist durch den Umbau noch markanter.

Noch andere Bilder fallen im Erdgeschoss ins Auge: Neben Fotografien aus den 50er-Jahren sammeln die Schröders Werke des deutschen Künstlers Günther Uecker. Und überall entdeckt man Hunde als Figuren, in Bildbänden, auf Fotos – und natürlich gucken auch die echten vier besten Freunde immer wieder neugierig um die Ecke. Mit ihrer Organisation, die u. a. Straßenhunde aus dem In- und Ausland vermittelt, haben Simone und Thorsten Schröder ihre große Liebe zu Vierbeinern zu einem wunderbaren Hilfsprojekt weiterentwickelt.

Ihre eigenen vier Hunde haben großes Glück gehabt, Besitzer mit viel Herz und einem guten Gespür für Stil zu finden. Aus der offenen, amerikanischen Küche, die mit britischen Metro-Tiles gefliest ist, fällt einiges für sie ab und mit vollem Bauch können die vier ja in ihren Wetzlarer Körbchen auch von einem Strandspaziergang in den Hamptons träumen.

g

ETREU NACH DEM MOTTO: EINFACH SCHÖN UND ELEGANT. DAS IST DER KLASSISCHE WOHNSTIL. RUHIGE FARBEN, BESONDERE MATERIALIEN UND MODERNES DESIGN – UND MAN WOHNT VIELE JAHRE ZUFRIEDEN.

» Auch wenn die Tischleuchte Sao Paolo heißt, sie passt nicht nur in brasilianische Haushalte.

⊻ Plaid Kukko aus 100 Prozent Baumwolle wird Ihnen und Ihrem klassischen Wohnstil alle Ehre machen.

⊻ Tumbler in geschliffenem Glas dürfen in keiner Hausbar fehlen.

» Einfach und schön: Klassisches Geschirr aus Porzellan darf in keinem klassischem Wohnstil fehlen.

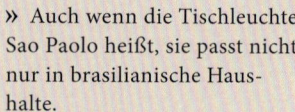

» Nomen est Omen: Studio NYC Peal ist ziemlich cool.

» Ganz klassisch: Abstract Blue – wie sonst? – heißt dieser Druck von G&C Interiors.

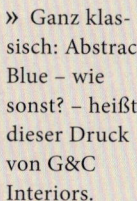

« Auf einem Tablett müssen Sie nicht nur leeres Geschirr transportieren, es kann auch der Dekoration dienen – mit vielen Kerzen und Blümchen.

⊼ Kleine Arrangements mit weißen Duftkerzen und Lilien betören die Sinne.

» Purer Luxus – pure Klassik: elegante Linien, besondere Materialien und schöne Accessoires verzaubern jeden Raum in ein schönes Zuhause.

⌃ Chinesische Elemente wie Vasen oder kleine Statuen aus Porzellan schmücken jede Anrichte.

» In dieser Vitrine ist viel Platz für Bücher, Geschirr, Gläser, Cloches, Tortenständer und weitere Tischdeko.

» Die Polster sind aus einem Baumwolle-Leinengemisch, die Füsschen aus Metall. Willkommen zu Hause!

GIRLY

Der feminine Stil transportiert Zartheit ins Interieur: Pastell-, Weiß- und feine Pudertöne sorgen optisch für Leichtigkeit. Dazu setzen romantische Details, weiche Stoffe und filigrane Formen Räume spielerisch in Szene. Erinnerungen werden in hübschen Schachteln gesammelt oder zu Stillleben mit getrockneten Blumensträußen, Fotos und persönlichen Souvenirs arrangiert. Mädchenhaft und doch erwachsen!

Tina lässt zarte Weiß-, Rosa- und Grautöne auf weiche Materialien mit dunklem Holz und dezentem Glitzer treffen. Zusammen mit ausgesuchten Einzelstücken wird daraus ein Look, der feminin und modern wirkt.

» *Unterschiedliche Materialien geben Struktur. Praktischer Aspekt der überall verstreuten Poufs: Sie sind je nach Bedarf Sitzgelegenheit oder Beistelltisch.*

⌄ *Kunst ist in der Wohnung überall präsent. Manchmal auch bewusst beiläufig inszeniert.*

Tina Heindel nennt ihre Wohnung liebevoll „Villa Viktualia". Direkt über dem Münchener Viktualienmarkt teilt sie sich mit Kater Barney ein Reich, das den Begriff zentral wirklich verdient. Der 100 Quadratmeter große Altbau hat aber noch mehr zu bieten als nur die privilegierte Lage.

Die Chefredakteurin für Beauty & Lifestyle bei der Münchener Agentur Söllner Communications hat mit Erbstücken, Flohmarktfunden und neuen Möbeln einen stilvollen Mix kreiert. Im Wohnzimmer rangiert Street-Art neben Ausstellungskatalogen, Bücher und chronologisch geordnete Zeitschriften bevölkern das Regal. Man merkt sofort, dass hier jemand lebt, der Kunst liebt und einen feinsinnigen Lifestyle verinnerlicht hat. Kissen in zarten Rosatönen, weiß bestickt, und in dezentem Grau lehnen in den Sofaecken, unterschiedliche Materialien wie Samt, Fell und Baumwolle sorgen für Struktur und Abwechslung. Die Poufs hat die 31-Jährige nicht nur zu Deko-Zwecken im Raum verteilt, sondern aus ganz praktischen Gründen: „Ich habe oft Freunde zu Besuch. Ist die Couch voll, sind die Sitzkissen ein prima Ersatz, dabei sind sie platzsparend und wirken auch weniger wuchtig als Sessel."

Neben dem weißen Sofa zieht ein avantgardistisches Objekt Blicke auf sich: Das handgemachte Papierkleid – eine Nachbildung eines Runway-Looks – hat sie von einem Freund geschenkt bekommen und es kurzerhand auf eine Kleiderbüste gezogen. Das Kunstwerk über der Couch ist eine Eigenkreation: weiße Leinwand, weißer Rahmen – Minimalismus at its best. „Ich mag Weiß als Grundfarbe. Dazu kombiniere ich zarte Akzente mit

„Ich kombiniere zarte Akzente
mit einem Hauch von Glamour."

TINA HEINDEL

....

⌃ *Wände in sanftem Lindgrün machen das Schlafzimmer zu einer entspannten Oase.*

....

TINAS GIRLY-ESSENTIALS

....

VERTIKALER FEMINISMUS
Es muss nicht immer Rosa oder Weiß sein, auch ein zartes Lindgrün kann sehr romantisch wirken. Toll dazu: die Petersburger Hängung – auch mit leeren Bilderrahmen ein Hingucker.

SÜSSE LAGERUNG
Tina drapiert ihre Beauty-Essentials auf Etageren wie Petit Fours. Wichtig: Ordnung halten und ältere Produkte regelmäßig aussortieren.

SHOWROOM
Tina verstaut ihre Lieblingshüte nicht in Hutschachteln und Schuh-Highlights nicht im Schrank, sondern stellt sie offen zur Schau.

FLOWER POWER
Auch durch Blumen lassen sich Wohnstile perfekt betonen. Die hauchzarten rosafarbenen Blütenblätter von Tinas Lieblingsblumen, den Ranunkeln, zaubern mädchenhaftes Flair in jede Ecke.

einem Hauch Glamour", sagt Tina und zeigt auf das antike Bürsten-Set, das einst ihrer Großmutter gehörte und jetzt einen Ehrenplatz im Regal bekommen hat. Auch der Schaukelstuhl davor ist ein Erbstück: „Darauf hat meine Mama mich als Baby immer gestillt – heute ist er Barneys Chefsessel", lacht die Blondine und streichelt dem Britisch-Kurzhaar-Kater übers Köpfchen.

Im Schlafzimmer hat Tina auf weiße Nächte zugunsten eines sanften Lindgrüns verzichtet. In Kombination mit dem ecrufarbenen Boxspringbett, einer bestickten Tagesdecke und einem weißen Bänkchen am Fußende ist ein sehr feminines Ambiente entstanden, das auch Barney als heimlicher Hausherr goutiert. Über dem Bett hängen gerahmte Illustrationen, Bilder und kleine Andenken, die sie beim Einschlafen und Aufwachen ganz in ihrer Nähe hat. Kleider und Schuhe mussten dafür weichen und haben jetzt im begehbaren Schrank ihren Platz gefunden. Besondere Stücke wie ihre Lieblingsboots setzt Tina dabei neben ihrem Schmuckkästchen im Regal in Szene. Eine äußerst charmante Idee, die für Tina Heindels weibliche Kreativität steht und die wahrscheinlich wenige Männer nachvollziehen können. Außer Barney, der glückliche Hauskater in der „Villa Viktualia".

GIRLY
Hausbesuch

. . . .

ILLUSTRE
PERSÖNLICHKEIT

KERA TILL

Mit elegant zartem Strich begeistert Kera die Welt. Auch in der Wohnung der Illustratorin setzt sich diese Linie fort: Feminine Akzente, sanfte Farben und liebevolle Details verleihen ein Ambiente, das zwischen mädchenhaft verspielt und raffiniert weiblich rangiert.

„Ich liebe diese von Generation zu
Generation vererbten Dinge."

KERA TILL

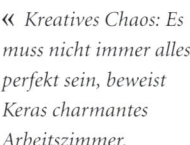

« *Die Kommode der Großmutter bietet heute im Arbeitszimmer Stauraum und Ausstellungsfläche.*

« *Kreatives Chaos: Es muss nicht immer alles perfekt sein, beweist Keras charmantes Arbeitszimmer.*

Kera Till selbst erinnert ein wenig an die Zeichnungen, die sie für Kunden wie Hermès, Ladurée oder die Traditionsdruckerei Prantl kreiert hat. Die Illustratorin und kreative Mutter der Figur Dottie Polka wohnt in München in einer hellen Altbauwohnung inmitten eines feminin-eleganten Sammelsuriums aus Erbstücken, Unmengen an Arbeitsproben und bunten Blumenstoffen.

„Ich mag das Alte. Und ich mag Altbauten mit ihren besonderen Details wie schönen Sprossenfenstern oder verzierten Türgriffen", sagt sie. Nicht nur der Rahmen ihrer Wohnung erzählt eine Geschichte, auch die meisten Möbel stammen aus vergangenen Epochen. „Schon als Kind besaß ich antike Spielsachen wie meinen Kaufladen aus dem 19. Jahrhundert." Heute bewahrt sie darin Kleinigkeiten wie Tesafilm, Stifte, Broschen und Stempel auf. Sie arbeitet zu Hause und ihr Arbeitszimmer ist das, was man gemeinhin als kreatives Chaos bezeichnet. Moodboards, eimerweise Stifte und Farbtuben, dazu unzählige Dosen, Schachteln und Tüten, die sie für Kunden gestaltet hat, liegen

auf dem Schreibtisch oder einer gewaltigen Kommode, die einst ihrer französischen Großtante gehört hat. „Natürlich wäre ich gerne ordentlicher, aber ich glaube, um Kreativität fließen zu lassen, muss auch der Zufall regieren. So stoße ich oft en passant auf etwas, das mich dann inspiriert", sagt sie und zuckt mit den Achseln. Ein gewisses System gibt es dennoch: Blumenkästen aus Eisen hat Kera Till aus dem Haus ihrer Eltern in ihr Büro verfrachtet und verwahrt dort die Skizzen aktueller Auftragsarbeiten.

Das Zuhause eines kreativen Menschen birgt überall Überraschungsmomente. Eine Discokugel im Vogelkäfig macht im Schlafzimmer das Aufwachen zu einem freudigen Moment, ein alter Lederkoffer daneben dient als Podest für ein Stillleben aus Spiegel, Büchern und einer kleinen Messinglampe und der Stuhl ist mit einem Stoff in aufwendiger Gobelinstickerei bezogen, den die besagte Großtante über Jahre gehortet hat. Kera Tills liebevolles Händchen für kreative Arrangements und alte Schätze erkennt man auch im Wohnzimmer: Auf dem Couchtisch liegen

....

⤣ *Im Schlafzimmer*
sorgen Gobelinstoffe
und Blumenmuster
für eine eindeutig
feminine Note, kleine
Überraschungsmo-
mente wie die Disco-
kugel im Vogelkäfig
inklusive.

....

dicke Bildbände, die sie zusammengesammelt hat, Kisten aus
dem Münchener Stadtarchiv bieten Stauraum und die riesige
Bücherwand offenbart auf den zweiten Blick einen ganz besonderen Schatz: ein Fragment eines antiken hellblauen Puppenhau-
ses, ein Geschenk ihres Vaters. Tatsächlich hat hier sogar mal mit
dem Louis Ghost Chair von Philippe Starck ein neueres Objekt
Einzug gehalten, allerdings ist der auch bereits ein Klassiker.

KERAS
GIRLY-
ESSENTIALS

**ERBSTÜCKE GEKONNT IN
SZENE SETZEN**
Geblümte Stoffe mit einem
schwarz-weißen Streifenteppich
kontrastieren sehr gut.

INSPIRATION INSZENIEREN
Ausrisse aus Zeitschriften, Modebilder,
Stoffreste, Zitate oder Skizzen – all
das kann auf einem Moodboard
festgehalten werden und wird im
Laufe der Zeit ganz einfach von selbst
zum Kunstwerk.

ERINNERUNGSSTÜCKE BÜNDELN
Romantisch: Souvenirs und
Gesammeltes verdienen einen hüb-
schen Platz. Perfekt dafür: ein alter
Setzkasten aus Holz, den man auf einer
Kommode oder dem Schreibtisch
aufstellen kann. Auch er füllt sich mit
der Zeit wie von selbst.

DINGE NICHT SO ERNST NEHMEN
Romantisches Must-have mit Augenzwinkern: Der Vogelkäfig in Keras
Schlafzimmer beherbergt keinen Wel-
lensittich, sondern eine Discokugel.

Die Leidenschaft für das wirklich Alte ist aber unverkennbar. Auch in der Küche. Kera besitzt Geschirrtücher, die über 100 Jahre alt sind. „Ich liebe diese von Generation zu Generation vererbten Dinge", schwärmt sie und ist fasziniert davon, wie oft sie genäht wurden. „Das Alte verzeiht viel. Das finde ich äußerst charmant. Viele neue Sachen kann man doch kaum noch reparieren, wenn sie kaputtgehen." Die kleine Küche ist der Ort, an dem Kera Till gerne solchen Gedanken nachhängt. Oder Gäste empfängt. Eine Wand hat sie in schwarzer Tafelfarbe gestrichen

und einen Kronleuchter mit weißer Kreide daraufgemalt. „Mit ein paar Kerzen am Abend und einem Glas Wein bekommt man dadurch fast schon eine Bar-Atmosphäre – dunkel und gemütlich. Und wenn Kinder von Freunden kommen, kritzeln sie oft stundenlang an die Wand." Der kreative Nachwuchs muss schließlich gefördert werden, damit eine neue Generation ein Talent entwickeln kann wie Kera Till, die illustre Persönlichkeit hinter Dottie Polka und dem einmaligen Ambiente dieser Altbauwohnung.

FILMREIFE
KULISSE

OLGA ARNOLD

Das coole Ambiente einer ehemaligen Schlosserei hat Bloggerin Olga mit vielen Ideen zu einer filmreifen Kulisse inszeniert und mit wenigen Mitteln Erstaunliches erreicht.

» *Schöner Kontrast: Muster-Kissen harmonisieren wunderbar mit dem maskulinen Chesterfield-Sofa.*

⌄ *Küche und Esszimmer sollten vor allem eines bieten: viel Platz für Freunde und Familie. Die „Hardware" für gesellige Runden wird in einer großen Glasvitrine verstaut.*

Lässt ein Kleiderschrank stilvoller Outfits auf ein geschmackvolles Zuhause schließen? Ja, zumindest lehrt das der Besuch bei Olga Arnold, die auf ihrem Blog La petite Olga modische Looks, Beautytipps und köstliche Rezepte mit anderen teilt. Das Gebäude, in dem sich ihre Wohnung befindet, ist eine ehemalige Schlosserei im Herzen Münchens. Aber nicht nur das Haus ist etwas Einmaliges, auch die beiden Stockwerke, die die 29-Jährige zusammen mit ihrem Mann bewohnt, sind individuell eingerichtet. Auf der ersten Ebene befinden sich Wohn- und Schlafzimmer sowie ein Büro, die obere Etage nehmen die große, geräumige Wohnküche, Olgas Arbeitsecke und die Terrasse ein. Statt sich auf einen einheitlichen Stil festzulegen, kombiniert sie gekonnt verschiedene Looks, durch die Besucher wie von Filmset zu Filmset wandern: Für das Wohnzimmer ließ sie sich von Ted Mosebys Apartment aus „How I Met Your Mother" inspirieren, ein Hauch von „Gossip Girl" und Carrie Bradshaws Single-Apartment aus „Sex and the City" kann man ebenfalls entdecken. „Fernsehserien und Kinofilme sind eine tolle Inspiration. Wenn mir ein Look gefällt, dann interpretiere ich ihn auf meine Art und Weise bei uns zu Hause", sagt sie.

„ *Wenn mir ein Look gefällt,*
dann interpretiere ich ihn. "

OLGA ARNOLD

» *Olga Arnold hat ihrem klar strukturierten Arbeitsbereich mit Pompons eine feminine Note gegeben.*

Ergänzt wird dieses Movie-Ambiente durch selbst gestaltete Accessoires: „Wenn wir nichts Passendes finden, bauen wir es einfach selbst", erzählt die Bloggerin und Social-Media-Managerin und zeigt uns die DIY-Projekte wie den Couchtisch aus Europaletten, der im Wohnzimmer vor dem schweren klassischen Chesterfield-Sofa die Rolle des lässig Unperfekten übernimmt. Keinesfalls eine Nebenfigur: die fast deckenhohe Bücherwand, in der neben Literatur auch Platz für Erinnerungsstücke ist. Trotzdem wirkt alles sehr aufgeräumt. „Ich mag es nicht, wenn so viel rumsteht. Das Auge muss sich auch beruhigen können", erklärt Olga und tritt zum Beweis ins helle Schlafzimmer, das elegante Ruhe wie eine Stummfilm-Diva ausstrahlt. Das alte Eisenbett verleiht dem Raum Glamour, während die Stofftiere auf dem Pouf in der Ecke wie ein entzückender Sidekick wirken.

Der Ort, an dem die Bloggerin ihrer Kreativität am häufigsten freien Lauf lässt, ist zweifelsohne die offene Küche. Hier kocht sie oft und gerne für Familie und Freunde. „Ich habe immer so viele Vorräte im Haus, dass jederzeit Leute zu einem kleinen Abendessen vorbeikommen können", lacht sie. Ein XL-Kühlschrank und der Esstisch, an dem leicht acht Personen Platz auf den Eames-Stühlen finden, hatten deshalb bei der Planung Priorität. In der Vitrine dahinter bewahrt Olga ihre Schätze wie Porzellan, Kochbücher oder Cloches auf. Auf der anderen Seite des Raumes öffnen sich die Türen zu der Terrasse, auf der Koch-Fan Olga sich im Sommer austobt. „Alles, was ich dort anpflanze, kann man auch essen. Ich liebe es, Kräuter oder Beeren zu pflücken und gleich ins Essen oder morgens ins Müsli werfen zu können. Und es gibt keine bessere Entspannung, als nach der Arbeit Blätter zu zupfen!"

Zur Entspannung trägt auch das ruhige Ambiente der Wohnung bei. „Wir haben viel mit Farben von Grün über Rot bis Orange experimentiert, bis wir wieder bei Weiß gelandet sind. Es wirkt wie eine Leinwand, vor der Accessoires einfach ausgetauscht werden können." Accessoires wie die rosafarbene und weiße Pompoms, die über ihrem Schreibtisch – übrigens ebenfalls ein DIY-Projekt – hängen. Die Nische ist der Ort, an dem ihr Blog La petite Olga entsteht und Outfits aus dem Kleiderschrank online gehen. Carrie Bradshaw und die Gossip Girls hätten sich in dieser Kulisse sicher auch wohlgefühlt.

« *Das zarte Eisenbett im Schlafzimmer bildet in der Nacht eine romantische Kulisse.*

ALLE GIRLY-FANS AUFGEPASST: ES KANN NIE SÜSS GENUG SEIN! DER FEMININE TOUCH DIESES WOHNSTILS VERZAUBERT IN PASTELL-, WEISS- UND PUDERTÖNEN UND MACHT SPASS.

» Für jeden Girly-Fan ein Muss: süßes Geschirr in Pastell.

⌃ Es leben Tapeten! Diese von Graham & Brown ist der schönste Schmuck für Ihre vier Wände.

⌃ » Mit romantischen Blumen-Prints kann man jedes Wohnzimmer oder Schlafzimmer verschönern.

TO THE MOON & BACK

⌃ Wie lieb hast Du mich? Bis zum Mond und zurück!
Einfach ein schönes Bild fürs Herz – und die Küche.

⌃ Das kleine Schwarze für die Wohnung:
Mit dem Stuhl Louis Ghost sitzen Sie immer
auf der richtigen Seite.

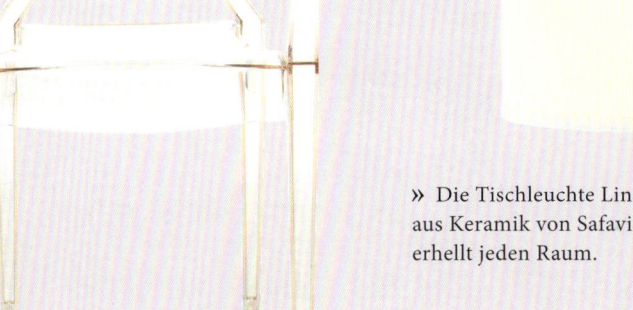

» Die Tischleuchte Lina
aus Keramik von Safavieh
erhellt jeden Raum.

⌃ Auf schönen gläsernen Tortenplatten muss sich
nicht immer ein Kuchen verstecken.

GLAMOUR

Es ist nicht alles Gold, was glänzt, aber der luxuriöse Glamour-Look lebt von Reflexen, Schimmer und Juwelenfarben. Kristallleuchter, Kupferelemente und changierende Seide, Samt oder Brokat addieren opulentes Feeling. Dabei darf es durchaus mal einen Ausflug Richtung Drama geben, schließlich lebt auch eine Diva für die bühnenreife Show.

GLAMOUR
Hausbesuch

· · · · · · · · · · · · · · · ·

FAMILIEN-
JUWEL

STEPHANIE MÜLLER-MORARIU

Glamouröses Familienprogramm: Stephanie hat für ihre vierköpfige Familie die Wohnung zum Glamour-Land gemacht. Weiße Couchen und zwei Kleinkinder inklusive!

Wüsste man nicht ganz genau, dass man gerade mal eine Etage eines Münchener Altbaus erklommen hat, könnte man glauben, man wäre in ein Penthaus auf der New Yorker Upper East Side gebeamt worden. Strahlendes Weiß, dezente Grautöne, türkisfarbene Akzente und Spiegelkonsolen – Stephanie Müller-Morariu wohnt so stilvoll und glamourös, als wäre ihr Zuhause Tiffany.

Nach der Hochzeit mit ihrem Mann Lucian hat sie die gemeinsame Wohnung eingerichtet. „Ich liebe Projekte, bei denen ich kreativ sein kann", lacht die Ärztin, die sich als Nächstes des Gartens annehmen will, der für die Hausgemeinschaft in Schwabing verschönert werden soll. Ihre kleinen Töchter Lara und Lotta sind schon jetzt begeistert über die Aussicht auf Blumenbeete und einen Sandkasten im Hinterhof. Bis dahin können sie durch die Zimmerfluchten der 190 Quadratmeter großen Wohnung toben.

Ein Großteil der Räume geht ineinander über, das schafft dieses Gefühl von Großzügigkeit, das durch die dezente Wandfarbe Elephant's Breath von Farrow & Ball unterstützt wird. „Der Flur war die größte Herausforderung für mich", erzählt Stephanie. Mittlerweile hat sie ihm mit einer Kommode plus Hocker aus Samt, zwei Sesseln, Beistelltischen, die mit Duftkerzen dekoriert sind, und – sehr zur Freude ihrer beiden Töchter – einem Vintage-Bobby-Car Leben eingehaucht.

„Ich liebe Projekte, bei denen ich kreativ sein kann."

STEPHANIE MÜLLER-MORARIU

» *Silber und Kristall sind die glamourösen Elemente der Tischdekoration, das elegante Geschirr ist dekorativ in offenen Regalen verstaut.*

« *Die Streifentapete und die kleine Fotogalerie in der Küche suggerieren Wohnlichkeit.*

Wie lebendig Grautöne wirken können, beweist ein Blick ins Gästezimmer, das gleichzeitig als Homeoffice dient. Zusammen mit türkis- und silberfarbenen Akzenten ist hier eine sehr feminine, luxuriöse Atmosphäre entstanden. „Pudrige Farben können mit funkelnden Accessoires ganz wunderbar kombiniert werden", findet die 34-Jährige, die ihr Credo auch im eigenen Schlafzimmer umgesetzt hat. Ein graues Boxspringbett, ebenso graue, unterschiedlich strukturierte Tagesdecken und ein flauschiger Teppich werden mit einem Kissenarrangement, das manches Hotel neidisch werden ließe, ergänzt. Auffällig ist die symmetrische Anordnung der Accessoires, die dem Raum zusätzlich ein harmonisches Feeling verleiht.

Das Prinzip setzt sich im Wohnzimmer fort: Eine große weiße Couch ist der Mittelpunkt, dahinter und gegenüber thronen Konsolen an der Wand, auf denen kleine Stillleben aus Rosensträußen, Kerzen und Bildbänden dekoriert sind und über denen großformatige Bilder hängen. Nur im Kinderzimmer der beiden Töchter ist es mit der gleichmäßigen Anordnung von Dingen nicht so weit her, dafür können Lara und Lotta im großen Kaufmannsladen, den Stephanies Vater seinen Enkelinnen gebaut hat, ihr eigenes Konzept erspielen.

Bei drei Frauen hat es der einzige Mann im Haus manchmal nicht leicht, sich gestalterisch zu behaupten. Immerhin hat Unternehmensberater Lucian die gestreifte Tapete für die große Küche ausgesucht. „Das ist aber auch das Einzige", lacht er, wohlwissend, dass seine Frau ein exzellentes Händchen für die Gestaltung der gemeinsamen Wohnung bewiesen hat. Tiffany-Glamour in München, das muss ihr erst einmal einer nachmachen.

≫ Rosen in Glasvasen
sind effektvoll überall
in der Wohnung ver-
teilt. Unverzichtbare
Deko-Partner: Tabletts
mit Duftkerzen.

≫ Das weiße Sofa
bildet den Mittelpunkt
im Wohnzimmer, zur
Auflockerung sind
Kissen in unterschied-
lichen Dessins und
eine Felldecke darauf
arrangiert.

« *Im Schlafzimmer sorgen unterschiedliche Texturen und dezente Akzente in Türkis für Tiffany-Glamour.*

⩔ *Im Kinderzimmer von Lara und Lotta ist der Kaufmannsladen, den der Opa gebastelt hat, das unumstrittene Highlight.*

STEPHANIES GLAMOUR-ESSENTIALS

AHNENGALERIE
Bilder sind für jedes Zuhause essenziell, aber nicht nur Kunstwerke, sondern auch Familienfotos gehören an die Wand. „Wir haben ein XL-Foto unserer Tochter im Wohnzimmer aufgehängt. Ein Schwarz-Weiß-Bild ist dabei die stilvolle, elegantere Variante."

KONSOLIDIERUNG
Ein Dreigespann ist die Heilung für schmale Ecken: Konsole, Hocker und ein Bild sind die Lösung für schwierige, schmale Nischen. Das so entstandene kleine Schreib- oder Telefonzentrum lässt sich bei Einladungen zur Mini-Rezeption umwandeln, weil der Hocker ganz einfach unter dem Tischchen verschwinden kann.

KRONJUWELEN
Wenn Kristall von der Decke baumelt, wirkt jeder Raum sofort wie ein Ballsaal. Da bei Stephanie die Zimmer ineinander übergehen und Ess-, Wohn- und Gästezimmer eine Achse bilden, hat sie gleich drei Kronleuchter aufgehängt – mega-glamourös!

HÖHENUNTERSCHIED
Wenn man auf Tabletts und Konsolen Stillleben dekoriert, mit verschiedenen Höhen und Formen spielen. So wirkt es lebhaft und spannend.

GLAMOUR

Hausbesuch

· · · · · · · · · · ·

PERIPHER
PLAKATIV

DANIELA SCHWARZER

Für plakative Farben und Muster braucht es Mut. Daniela hat ihn und arbeitet in ihrem Haus dabei intuitiv mit einem Mix aus leuchtenden und dunklen Tönen. Fertig ist sie nie, denn immer wieder lechzt das Auge nach Veränderung!

» *Antiquitäten, Golddetails und eine Streifentapete sind die Zutaten für ein glamouröses Entree.*

⌄ *Ein Schaukasten mit Schmetterlingen schimmert je nach Lichtverhältnissen in irisierenden Blautönen.*

Das Auto hat zwar kein Stadt-Kennzeichen wie M für München, aber Stil kann man auch im Vorort ausleben. Redakteurin Daniela Schwarzer hat in ihrem Haus in der Nähe von Starnberg eine prächtig-elegante Atmosphäre geschaffen, die fast schon Club-Charakter hat. Von Vorstadt-Spießigkeit keine Spur.

Eine schwarz-weiße Streifentapete, tiefviolette Hortensien und eine kleine Spiegel-Galerie sind schon im Eingangsbereich erste Signale für die unkonventionellen Ideen der Hausherrin. Wenn auch die Tapete ein Machwerk ihres Mannes Christopher ist. „Ich streiche gerne um und mein Mann hatte nach jeder Geschäftsreise Angst, dass er sich in der Eingangstür geirrt hätte." Mit seiner Guerilla-Tapetenaktion hat er den Ausmalorgien von Daniela auf sehr charmante und elegante Weise einen Riegel vorgeschoben. Als Fixpunkt im Foyer des Hauses hängt über dem Klavier ein großer Schaukasten aus Plexiglas mit unzähligen Schmetterlingen, den die Hausherrin schon seit ihrer Studienzeit wie einen Schatz hütet. Besonders abends, wenn Spots auf diese Preziose gerichtet sind, leuchten die Falter in irisierenden Blautönen vor der schwarz-weißen Tapete. Ein ungeliebtes Kind im Eingangsbereich war lange ein unansehnlicher Einbauschrank. Daniela hat ihn bewusst in Szene gesetzt und ihn mit Tapete überklebt, die aufwendigen Holzschnitzereien aber dabei bewusst ausgelassen. „Manchmal muss man hässliche Dinge betonen, damit sie schön werden", lacht die 43-Jährige.

„Beim Einrichten kann es nicht bunt genug sein."

DANIELA SCHWARZER

≽ *Starke Farben erfordern Mut beim Einrichten. Der wird aber meistens belohnt.*

« *Im Wohnzimmer harmoniert cleanes Weiß mit elegantem Grau und Akzenten in Violett und Schwarz.*

⌃ Das Schlafzimmer ist in Schwarz gestrichen. Das wirkt im Zusammenspiel mit Naturtönen und Weiß äußerst elegant.

Im Wohnzimmer gab es keinen stilistischen Ausreißer, an dem sie ihr Geschick hätte austesten müssen. Weiß ist die vorherrschende Farbe, die mit einem Objekt aus vielen einzelnen Konvexspiegeln oder schwarz lackierten Tabletts und Samtkissen in Violett, Pink- und Grautönen ergänzt wird. Als Beistelltische fungieren lederbezogene Hocker mit Chromgestell, auf denen die gebürtige Wienerin Bildbände und Erinnerungsstücke wie eine kleine Nussschale aus Porzellan aus ihrer Heimatstadt inszeniert.

Das Esszimmer ist zurzeit rosafarben gestrichen, aber das kann sich schnell ändern. Was schade wäre, denn der Pastellton bietet nicht nur dem farbenfrohen Gemälde von Alf Löhr, einem deutschen Künstler, der in London lebt, eine wirkungsvolle Basis, auch die Leder-Freischwinger in Taupe von Cor kommen davor optimal zur Geltung. „Beim Einrichten kann es nicht bunt genug sein. Ich liebe starke Farben, denn die versetzen mich immer in gute Stimmung", erzählt Daniela, als sie den Tisch mit buntem Porzellan von Dibbern eindeckt. Pinkfarbene Servietten und Pfingstrosen in einer schwarzen Vase komplementieren den Look.

Ihr Homeoffice ist wie das Foyer in Schwarz und Weiß tapeziert – in dem Fall war Danielas Mann allerdings unschuldig. Der Schreibtisch ist mit geprägtem Leder bezogen und die Galerieleiste darüber wurde zur Bühne für Erinnerungen, Karten und Bilder. Die gleichen Streifen, nur in Weiß und Blau, findet man auch im Kinderzimmer des Sohnes wieder. Auf dem Schrank hält ein Indianer Ausschau nach Cowboys, die allerdings in dem Übersee-koffer, den Daniela auf einem Flohmarkt in Paris erstanden hat, ein sicheres Versteck haben.

Das Hideaway der Eltern ist das Schlafzimmer, das in Schwarz gestrichen wurde. „Der Maler hielt mich für voll-kommen verrückt", lacht Daniela. Dabei wirkt der matte Ton keineswegs verstörend, zumal das helle Bett und ein weiteres farbenfrohes Werk von Alf Löhr keine Tristes-se aufkommen lassen. „Wenn ich gleich morgens etwas Buntes, Fröhliches sehe, begleitet mich den ganzen Tag eine positive Stimmung", sagt Daniela. Und diese gute Laune transportiert sie aus dem Haus in der Vorstadt auch weiter. Dafür braucht man auch kein M-Nummernschild am Auto.

Glamour in neuem Gewand: Weißes Leder kombiniert mit Kupfer-Accessoires und Möbelklassiker in Knallfarben verleihen dem Londoner Zuhause feminine Eleganz.

Eine schwarz lackierte Tür im Londoner Stadtteil Marylebone ist der Eingang zum hellen, eleganten Reich von Manuela Rabener. Die Unternehmerin, Designerin und frühere Geschäftsführerin von Westwing Russland hat in der Nähe der Regent Street ein Stadthaus bezogen und dem britischen Stil Weltläufigkeit eingehaucht.

Das weiße Sofa hat eine Reise aus Dubai hinter sich, auf dem Kaminsims steht ein thailändischer Buddha, ein Geschenk ihres Mannes, den sie in New York kennengelernt hat, und der „True Love is a big deal"-Schriftzug in der Küche ist eine Erinnerung an die Hochzeit der beiden auf Mallorca. Der fast drei Meter lange Spruch wurde von der Baleareninsel per Post nach London verfrachtet und bereitet der 37-Jährigen noch immer Herzklopfen. Er ist das Herz ihres Townhouses und erinnert Manuela täglich an den schönsten Tag ihres Lebens. Der Platz in der Küche betont zusätzlich auch die vier Meter hohen Decken des Raumes. „Jedes Mal, wenn ich den Schriftzug sehe, muss ich lächeln."

Dass auch ihre Gäste happy sind, dafür sorgt die gebürtige Stuttgarterin ebenfalls in der Küche. Zur legendären deutschen Weihnachtsfeier backt sie Vanillekipferl und kocht Glühwein, für ein Dinner lodern alle sechs Gasflammen, damit ein kreatives Menü auf den Tisch kommt. Manuela legt dabei viel Wert darauf, dass auch die Deko passt. Während ihrer letzten Reise nach Lissabon hat sie verkupfertes Besteck einer kleinen portugiesischen Marke gekauft, das das Art-déco-Service in Weiß und Roségold perfekt ergänzt. Der nahezu runde Diningroom ist sowieso ein Hingucker, dessen ungewöhnliche Form Manuela und ihr Mann Nicolas mit rundem Tisch und Teppich noch betonen und mit extravaganten violetten Farbakzenten wie den Stühlen von Verner Panton aus limitierter Auflage ausgestattet haben. An der einzig

„Stellt man Möbel nicht direkt an die Wand, entsteht mehr Tiefe."

MANUELA RABENER

⌃ *Das Wedding-Motto erinnert immer an den schönsten Tag im Leben.*

» *Ordnung muss sein, wenn der Arbeitsplatz im Wohnzimmer integriert ist. Eine große Arbeitsplatte und ein cleveres Bücherregal unterstützen das.*

» *Stühle und Teppich setzen extravagante Farbakzente beim Essplatz in der Küche des Hauses.*

MANUELAS GLAMOUR-ESSENTIALS

REDUNDANZ

Ein Kreis ist ein Kreis ist ein Kreis: Manuela betont ihren runden Dining-room doppelt, indem sie auch noch Tisch und Teppich in derselben Form hineinstellt. Durch diese Wiederholung schafft sie eine clevere Akzentuierung.

FARBFLASH

Manuela lässt Violett im Esszimmer bei Teppich, Stühlen und Accessoires auftauchen. Klassiker wie der Panton-Stuhl wirken in Statement-Farben gleich viel extravaganter.

OFFICE-CHIC

Manuela schenkt auch ihrem funktionalem Arbeitszimmer mit Blumenschmuck, Bilderrahmen und einer Modefotografie einen Hauch Glamour.

freien Wand hängt ein Elefanten-Bild von Ben Osborne. Die Hausherrin, begeisterte Fotokunst-Kennerin, die kaum eine Ausstellung in London verpasst, hat es bei ihrer Lieblingsshow "Wild life Photographer of the Year" erstanden und es über eine Kommode aus Makassar-Ebenholz mit einem dekorativen, massiven Holzobjekt gehängt. Ihre afrikanische Ecke. „Ich wünschte, ich könnte behaupten, ich hätte es an einem einsamen Strand aufgelesen, aber ehrlich gesagt stammt die Skulptur aus einem kleinen Design-Shop in New York", lacht Manuela trotzdem stolz.

Auch der Schreibtisch aus westafrikanischem Zebranoholz im Arbeitszimmer ist kein exotisches Urlaubsmitbringsel, dafür bietet seine große Platte aber ausreichend Platz für die Ordnungsfanatikerin, um neben dem Laptop auch noch eine Vase und roségoldene Bilderrahmen sowie eine 70er-Jahre-Lampe daraufzustellen. Darüber tanzt Gisele Bündchen auf einem Bild vom Schweizer Fotografen Michel Comte. Eine inspirierende Atmosphäre für die Designerin, die unter dem Namen Ella Rabener edle Taschen

entwirft. Ein von zwei Seiten offenes Bücherregal fungiert als Raumtrenner zum Wohnzimmer. „Stellt man Möbel nicht direkt an die Wand, sondern platziert sie mittig, entsteht mehr Tiefe", erklärt sie die smarte Positionierung. Ihr Sofa steht dennoch an der Wand, denn nur so hat man den Kamin voll im Blick, sollte der Lounge Chair von Eames in der ersten Reihe schon belegt sein. Das Wohnzimmer ist hauptsächlich in einer Farbkombination aus Weiß, Grau, Gold und – Manuelas neuester Lieblingsfarbe – Kupfer gehalten.

Natürlich findet sich der Ton du jour auch im Schlafzimmer, dem Manuela mit einem ganz persönlichen DIY einen nahezu burlesquen Touch verliehen hat. Über dem zwei Meter breiten Bett unter der Dachschräge prangt ein Schriftzug aus Pappmaché, den sie in tagelanger Bastelarbeit selbst gebaut, in Kupfer und Türkis angesprüht und mit 40 kleinen Glühbirnen versehen hat. Wer hätte geahnt, dass hinter einer strengen schwarzen Tür eines eleganten Londoner Stadthauses so fröhliche Bastelarbeiten hängen?

hIER TREFFEN KOSTBARE MATERIALIEN WIE SAMT UND SEIDE SOWIE LUXURIÖSE FARBEN VON SINNLICHEM VIOLETT, GOLD BIS SILBER AUF AUFFÄLLIGE FORMEN: WOW – SO GLAMOURÖS!

≫ Gläser sind edle Fixpunkte auf der Dinner-Tafel. Am besten in passender Farbe zu anderen Wohnaccessoires.

≪ Verstauen Sie Ihre Lieblingsdinge ganz leicht in diesen schönen Hochglanzwundern.

≪ Glamouröses Update gefällig? Kissenbezüge aus Wildseide in zartem Violett.

≪ Der Sonnenspiegel ist das i-Tüpfelchen des Glam-Looks und verleiht dem Interieur amerikanische Eleganz.

≪ Glanzstück fürs Wohnzimmer: Kapitoniertes Sofa aus vanillefarbenem Samt.

« Hier passt alles zusammen: Schatullen, Tischleuchten, elegant bedruckte Kissen und die stylischen Zeichnungen – super glam!

⌄ Der achteckige Teller mit goldfarbenem Hexagon-Muster von Wedgewood ist stilvoll und ein Trend-Stück.

» Sanftes Licht in mondänem Gewand: Die Tischleuchte mit goldfarbenem Sockel.

⌄ Luxuriöses Grau und Silberdetails machen den Hocker mit Kreuzbeinen so chic – perfekt im Schlafzimmer.

SCANDI

Skandinavisches Interieur zeichnet sich durch seinen unprätentiösen Charme aus. Dabei werden klare Formen und Farben durch Naturmaterialien ergänzt, grafische Muster und Dekorationen mit dezenten Accessoires aufgelockert. Wer das ursprünglich monochrome Interieur mit viel Schwarz, Weiß und Grautönen neu interpretiert, kann subtile Pastelltöne für Stoffe und stärkere Nuancen für Wanddekorationen wählen.

SCANDI

Hausbesuch

....

KURS
NORDNORDWEST

ODETTE SIMONS

Die Weite und die Farben der Nordsee hat Odette bei der Renovierung ihres Hauses zum Vorbild gehabt. Jetzt weht durch ihr Haus am Meer eine frische Brise die schlichte Möbel und farbenfrohe Accessoires angespült hat.

Von der Terrasse im oberen Stockwerk blickt man auf das Meer. Weite und Freiheitsgefühl vermittelt auch das Haus von Odette Simons in Scheveningen. Die Style-Direktorin von Westwing Niederlande hat sich für einen nordischen Look entschieden, der Möbelklassiker, Vintage-Funde und klare Linien in sich vereint.

„Das Besondere an diesem Haus", findet die Stylistin, „sind die vertauschten Etagen. Wir schlafen in der ersten und im zweiten Stock haben wir uns einen großen Wohnraum von etwa 70 Quadratmetern eingerichtet." Hier befindet sich nämlich eine herrliche Terrasse mit Blick auf die Nordsee und den Leuchtturm. Nach einer umfangreichen Renovierung wohnt sie seit einem Jahr mit ihrem Freund in diesem Kleinod am Rande Den Haags. „Die Einrichtung der Vorbesitzer war nicht unser Geschmack, trotzdem hatte ich sofort das Gefühl, hier meinen Platz gefunden zu haben", schwärmt Odette. Ihr Schwager hat den Kamin selbst gebaut und Wände eingerissen beziehungsweise neue hochgezogen. So ist ein lichtdurchflutetes Reich mit großzügigen Dimensionen entstanden. Besonders stolz ist sie darauf, was beim Umbau aus dem Badezimmer wurde. „Die meisten Bäder sind einfach zu eng. Ich habe einen Raum entworfen, in dem

eine freistehende Wanne mittendrin Platz hat. Hier entspanne ich mich regelmäßig mit einem guten Buch und jeder Menge Kerzen rundherum."

Dass Odette nicht nur Schaumwölkchen im Kopf hat, sieht man an den anderen Räumen. Harte Materialien wie Stahl und Glas finden sich hier, aber auch viel Altholz. Dazu setzen Möbel aus den 50er- und 60er-Jahren ein Statement – wie der kleine Nierentisch, der neben dem grünen Artifort-Sessel im Wohnzimmer steht. „Dieser Stuhl war meine erste Anschaffung, als ich von Zuhause ausgezogen bin und alleine gelebt habe. Den Bezug habe ich erneuert, als wir hier eingezogen sind, und passend zur Location ein Meergrün gewählt. Er ist mein absolutes Lieblingsstück", schwärmt Odette. Jetzt leuchtet er vor dem Grau der Vorhänge und der Wand. Raffiniert hat die Interieur-Expertin gleich drei Graustufen verarbeitet: „Für die lange Wand hinter dem Tisch habe ich ein sehr weiches Grau gewählt, die Fenster sind ein paar Nuancen dunkler und die Küche wurde in tiefem Basaltgrau gestrichen. Auf diese Weise entstehen je nach Sonneneinstrahlung raffinierte Schattenspiele."

» Klare Farben und Linien sind die Grundlage, vor der Deko-Stücke wie Spiegel, Goldrahmen und Hocker in Szene gesetzt werden.

„Für die lange Wand habe ich ein sehr weiches Grau gewählt."

ODETTE SIMONS

Spielerisch ist auch ihr Umgang mit dem Thema Interieur. Ihr Haus funktioniere wie ein Moodboard, erklärt sie. „Ich sammele Ideen, die mir gefallen. Ein paar Tage später ergänze ich, tausche aus, verschiebe oder mache etwas Neues. Man darf sich nicht scheuen, die Dinge zu ändern, mit verschiedenen Formen und Materialien zu spielen." Die Basics sind dabei wichtig, mit kleineren Möbeln wie Stühlen und Hockern kann man dann spielen und einen neuen Look erfinden. Vielleicht liegt diese Leichtigkeit im Umgang mit dem Thema Einrichten in der DNA von Odette Simons. Ihre Schwester hat bei der Einweihung des Hauses darauf bestanden, in Pirouetten durch die Räume zu wirbeln. Es kann aber auch an der Nähe zum Meer liegen, dass durch das Haus von Odette so ein frischer Wind weht.

....

» *Das Wohnzimmer ist ein offener Raum, dessen Dimension durch wenige ausgesuchte Möbel unterstrichen wird.*

....

ODETTES SCANDI-ESSENTIALS

WIEDERVERWERTUNG

Aus Alt mach Neu: Mit wenig Aufwand lassen sich Dinge, an denen man sich sattgesehen hat, aufwerten. Odette hat ihrem alten violetten Sessel passend zum neuen Zuhause ein neues Kleid in Aquagrün verpasst. Jetzt ist es wieder ihr liebster Platz, um sonntags in Zeitschriften zu blättern und in den Himmel zu schauen.

FARBABSTUFUNGEN

Für verschiedene Wände zarte Abstufungen eines Farbtons wählen, um optisch mehr Tiefe zu schaffen und interessante Schattenspiele zu erzielen. Odette hat drei verschiedene Grautöne im Wohnraum gewählt. Tipp: Wände mit Fenster können in der dunkelsten Nuance gestrichen werden. Für dunklere Ecken der Wohnungen die hellere Graunuance wählen.

WANDELHALLE

Öfter mal was Neues! Eine gute Basis kann mit wenigen kleineren Veränderungen, neuen Hockern oder Stühlen, anderen Kissen oder einem Teppich unkompliziert eine Metamorphose durchmachen.

....

⌃ *Farbakzente werden ganz bewusst vereinzelt eingesetzt. Mal als Hingucker im Schlafzimmer, mal als einzelnes Möbelstück im Wohnzimmer.*

« *Durch verschiedene Grauschattierungen lassen sich auch große Räume strukturieren.*

....

⌃ *Textilien und kleinere Möbel sind Elemente, mit denen man spielen kann. Tauscht man sie aus, lässt sich ein Raum schnell und unkompliziert verändern.*

....

SCANDI

Hausbesuch

· · · · · · · · · · · · · · ·

SCHWEDISCHE
BOTSCHAFT

JESSIE WEIß

Als Modebloggerin weiß Jessie, wie Styling funktioniert. Dabei geht sie bei Outfits und ihrem Zuhause nach dem gleichen Prinzip vor: unaufgeregt und mit einzigartigen Details.

⤋ Gruppendynamik: Damit der reduzierte Look der Wohnung erhalten bleibt, werden Accessoires und Schminkutensilien in Gruppen arrangiert.

Das Fischgrätparkett erinnert farblich an Kanelbullar, die weißen Flügeltüren könnten sich auch im Schloss Drottningholm öffnen und die große Küche ist wie gemacht für Midsommar-Feste. Kurz: Die Wohnung von Jessie Weiß und ihrem Mann Johan ist ein kleines Stück Skandinavien mitten in Berlin.

Als die beiden letztes Jahr geheiratet haben, sollte auch eine neue Wohnung für das Glück zu zweit her. Statt Tabula rasa zu machen, den Stadtteil zu wechseln und die Möbel auszutauschen, haben die beiden vom Guten das Beste behalten und sind im gleichen Haus nur über den Flur gezogen. Jessies Büro liegt übrigens ebenfalls im selben Gebäude – nur ein paar Stockwerke höher. Dort arbeitet sie mit viel Leidenschaft für ihr Blogazine „Journelles", einen der bekanntesten Online-Auftritte rund um die Themen Fashion, Beauty und Reise. Und auch das Ressort Wohnen hat einen festen Platz – beruflich und privat.

„Mode und Interieur sind für mich sehr eng miteinander verbunden. Ob Outfit oder Raum, Accessoires geben den letzten Schliff. Ich mag zum Beispiel ein unaufdringliches, minimalistisches Dekor, aber ganz in Weiß oder Schwarz und Weiß zu wohnen, wäre nichts für mich. Deshalb tausche ich öfter Kissen, Pflanzen oder Teppiche aus und schaffe ohne viel Aufwand einen neuen Look in der Wohnung ", sagt Jessie. Als Style-Profi gibt

» *Die typischen Farben des Scandi-Looks sind Grau, Schwarz und Weiß. In der Küche und dem angrenzenden Wohnzimmer bekommen sie Gesellschaft von ausgesuchten Farb-Highlights.*

„Ich tausche öfters Kissen,
Pflanzen oder Teppiche aus."

JESSIE WEIß

....

⌃ *Nischen erkennen*
und nutzen – im Job
und Interieur ist das
gleichermaßen von
Belang, wenn man
etwas Einzigartiges
kreieren will.

....

sie den Dingen auch Platz, um zu wirken. Ein gemütlicher Sessel aus cognacfarbenem Leder und eine zeitlose graue Couch sind die Basics im Wohnzimmer. Gerahmte Bilder, die an der Wand lehnen, wenige extravagante Deko-Objekte und eben viele bunte Kissen machen daraus einen individuellen Lebensraum. „Ich mag es, dass unser Wohnzimmer nicht so voll gestellt ist", erklärt die 29-Jährige.

Auch in der großen Wohnküche, zweifelsohne das Highlight der Wohnung, herrscht klares Design. „Eine Kochinsel war schon lange ein Traum von mir", sagt Jessie, die die Einrichtung um einen großen weißen Holztisch und Eames-Stühle in unterschiedlichen Farben ergänzt hat. Ein Marmortablett und das Kuhfell sind die Trendstücke, ein Foto des französischen Models Laetitia Casta aus dem Bildband „The Black Jacket" die quasi obligatorische modische Referenz. Jessie hält sich hier gerne auf: „Wir laden Freunde ein und kochen zusammen. Der Raum lässt das dank seiner Dimension ganz entspannt zu. Für mich ist es ganz einfach ein Stück Lebensqualität."

« *Im Ankleidezimmer fungiert ein bunter Teppich als Laufsteg.*

» *Offene Regale erleichtern die Wahl, welche Schuhe und Taschen das Outfit komplettieren sollen.*

JESSIES SCANDI-ESSENTIALS

FASHION-VORBILD

Mode und Interieur funktionieren ähnlich. „Blumen, Teppiche, Vasen und Kissen sind wie Accessoires bei einem guten Outfit. Sie sind leicht zu ändern und geben den letzten Schliff", sagt Jessie.

LEERSTELLEN

Egal ob große oder kleine Wohnung: Der Scandi-Style besticht auch durch bewusstes Weglassen. Nicht jede Ecke muss eingerichtet oder dekoriert sein, so bekommen besondere Stücke auch Wirkraum.

BOTANIKUM

Natürlich wirken üppige Blumensträuße phänomenal. Aber auch Zweige, die man vom Spaziergang mitbringt, lassen sich in einer Bodenvase zu einem unprätentiösen, lässigen Arrangement verwerten.

OFFENHEIT

Schuhregale oder Kleiderstangen erleichtern die Wahl des Outfits, weil man auf einen Blick sieht, was man hat. Damit es ordentlich wirkt, am besten nach Farben oder Saison sortieren.

Noch ein Pluspunkt der Wohnung: Sie bietet Platz für ein Ankleidezimmer. „Das ist mir sofort aufgefallen. Ich muss noch ein bisschen daran arbeiten, bis es perfekt ist", lacht Jessie. Denn schließlich braucht sie viel Stauraum für ihre Taschen, Schuhe und Kleider. Dahinter verbirgt sich Johans Büro, das durch eine Kleiderstange abgetrennt ist. Neben Jessies Bildbänden steht hier die beeindruckende Marvel-Comics-Sammlung ihres Mannes. Meinungsverschiedenheiten gab es beim Einrichten der gemeinsamen Wohnung kaum. „Wir haben zum Glück einen ähnlichen Geschmack. Einiges war Johan auch egal und er hat mir freie Hand gelassen", lacht Jessie. Keine schlechte Entscheidung, wenn man die skandinavisch-lässige Atmosphäre betrachtet, die Jessie hier geschaffen hat. Keine Villa Kunterbunt, sondern eine stilvolle Schwedenwohnung mitten in Berlin.

SCANDI

Hausbesuch

·················

DER NORDEN
IM SÜDEN

SUSANNE HESSLENBERG

Nordisch cool muss nicht kühl aussehen. Susanne hat mit einer Palette warmer Farben eine eigene Version des Looks entwickelt. Mit Designklassikern angereichert, ist so aus einer Münchener Altbauwohnung eine skandinavische Enklave geworden.

München ist zwar über 800 Kilometer vom südlichsten Punkt Skandinaviens entfernt, aber in der Wohnung von Susanne Heßlenberg fühlt man sich trotzdem wie in Schweden. Die Social-Media-Managerin von Westwing hat den 170 Quadratmeter großen Altbau mit ihrem ausgeprägten Stilgefühl zu einem warmen Ort für ihre Familie gemacht.

„Unsere Wohnung ist wie der Kölner Dom – ist man an der einen Seite fertig, fängt man an der anderen Seite wieder an ", lacht die gebürtige Rheinländerin. Deshalb hat ihr Mann Björn das Like-oder-Love-Prinzip entwickelt. Wenn sie wieder eine neue Idee hat, fragt er: Like oder Love? Nur, wenn ein Projekt wahre Liebe ist, wird es umgesetzt – egal, ob es eine neue Wandfarbe sein soll oder die Anschaffung eines Möbelstücks. Die nächste Baustelle wird das Kinderzimmer von Sohn Max Philip. Der Fünfjährige kommt bald in die Schule, da soll der in Grau gehaltene Raum mit Tipi, Elefantenleuchte von Eames und den „Componibili"-Containern von Kartell etwas umdekoriert werden.

Anthrazit ist typisch für den Scandi-Stil, allerdings hat Susanne es um Rosétöne, Petrolblau und einige neon- und kupferfarbene Akzente ergänzt. „Ich liebe Farben, und die muss man manchmal furchtlos einsetzen. Auch Tapeten sind klasse, um eine wärmere Version des Scandi-Looks zu kreieren." In jedem der vier durch Flügeltüren verbundenen Zimmer ist ihr das vortrefflich geglückt.

Im Gästezimmer setzt Susanne neben weißer Wandfarbe auf schlichte Formensprache beim Sofa sowie coole Kissen mit grafischen Prints und eine individuelle Bilderwand. „Mein Mann ist ein großer Fan von Tim und Struppi. Ich habe die Retro-Plakate im Internet entdeckt, sie gekauft und rahmen lassen."

Im Esszimmer hängt mit dem Porträt von Jack Nicholson, der als Einziger in der Wohnung rauchen darf, ein ganz anderes Kaliber an der rosewood farbenen Wand. Der Leinwandheld blickt auf weiße und schwarze Stühle von Eames, einen Tulip Chair von Eero Saarinen und ein Kuhfell. Diese harmonische Kombination scheint ihm zu gefallen, aber auch die Wohnzimmerwand würde seinen Beifall finden: Buchstaben-Prints und Pompoms, die an zwei Geweihen baumeln sind die vertikale Dekoration, in der Waagerechten sorgen Kissen und Schaffelle für weiche Gemütlichkeit, während die Leiter als Bücherregal ein rustikal-charmantes Moment darstellt. Das Zusammenspiel ergibt einen Raum mit Wohlfühlcharakter.

Den gleichen Effekt kann man im Schlafzimmer beobachten, wo stark kontrastierende Farben wie Petrol und Gelb perfekt durch bewusste Arrangements harmonieren. Die blauen Wände und die vielen leuchtenden Kissen mit Chevron-Muster, Prints in Schwarz und Weiß und kleine Boxen mit grafischem Look gehen zusammen mit einem weißen Plaid, der kupferfarbenen Pendelleuchte und den barock anmutenden „Bourgie"-Tischleuchten von Kartell eine gelungene nordische Kombination ein. Da fällt es gar nicht auf, dass über 800 Kilometer zwischen dem Heim von Susanne Heßlenberg und Skandinavien liegen. Ohne Urlaubsantrag, Stau und unzählige „Wie lange noch"-Fragen ist man hier bereits mittendrin im schwedischen Königreich.

....

» *Um den strengen skandinavischen Look aus Schwarz und Weiß aufzulockern, wurden die Wände im Esszimmer in einem warmen Rosenholzton gestrichen.*

....

„Ich liebe Farben und die muss man manchmal furchtlos einsetzen."

SUSANNE HEßLENBERG

« Susannne
mit ihrem
5-jährigen Sohn
Max Philip.

⌃ Warmes Taupe
und Akzente in Petrol
sorgen für eine gemüt-
liche Atmosphäre im
Wohnzimmer.

⌃ *Die symmetrische
Anordnung von
Kissen, Bildern und
Lampen schafft ein
harmonisches Bild im
Schlafzimmer.*

« *Im Kinderzimmer
dominiert der Farbton
Greige, der auf wilde
Indianer beruhigend
wirkt.*

SUSANNES
SCANDI-
ESSENTIALS

TONALITÄT
Susanne steht mit ihrer Wohnung
für eine wärmere, farbenfrohe Version
des Scandi-Stils. Bei ihr sind Taupe,
Altflieder, Anthrazit oder Petrol zu
finden. Eine Streifentapete versetzt
bereits in der Diele in Ferienlaune.

AUSWAHL
Für alle, die vor Ideen übersprudeln,
wenn es um Veränderungen geht:
„Habe ich schon wieder eine neue
Idee für die Wohnung, fragt mein
Mann mich ‚Love oder Like?' und ich
muss ehrlich antworten. Gibt's ein
Love für die Idee, wird sie umgesetzt,
bei einem Like schlafe ich noch
eine Nacht drüber."

GEDANKENSPIEL
Zeitschriften, Blogs, Bildbände
sprudeln geradezu über vor Ideen für
den nordischen Look. Susanne nimmt
diese Inspirationen dankbar an und
entwickelt dann weiter, um ihrem
Interieur eine eigene Handschrift
zu verleihen.

HALTBARKEITSDATUM
Aus Kindern werden Leute.
Die Ansprüche an ein Kinderzimmer
wandeln sich spätestens mit der Ein-
schulung. Susannes Tipp: Damit man
nicht alle paar Jahre eine komplett
neue Einrichtung anschaffen muss,
schon von Anfang an in Stücke
investieren, die Sohn oder Tochter
lange begleiten können.

SCANDI

Hausbesuch

· · · · · · · · · · · · · · ·

RAUER
CHARME

ZOÉ DE LAS CASES

Ungewöhnliche Grundrisse erfordern Fantasie. Zoé hat aus einer ehemaligen Garage mit Glaselementen und einer Leidenschaft für Sammlerobjekte ein offenes, aber wohliges Zuhause geschaffen.

» Feminine Stücke mildern den rauen Charme der ehemaligen Werkstatt ab und verleihen ihr eine lässige, entspannte Atmosphäre.

⩔ Symmetrisch angeordnet wirken die unterschiedlich beklebten Stühle rund um den Esstisch wie eine Einheit.

Wo früher Motorenöl lagerte und Hebebühnen Tag für Tag Karosserien hochhievten, hat jetzt dänisches und schwedisches Design jenseits von Volvo oder Saab Einzug gehalten. Die Grafikerin und Illustratorin Zoé de las Cases hat eine alte Garage im 17. Arrondissement von Paris zu ihrem Zuhause voller Scandi-Flair umgebaut.

„Ich habe mich sofort in diese alte Garage verliebt – so eine Immobilie gibt es in Paris selten", sagt Zoé, die ihre eigene Kollektion an Deko- und Fashion-Accessoires kreiert. Für diese Liebe nimmt sie gerne das einzige Manko der ehemaligen Autowerkstatt in Kauf: Das Licht kommt nur von einer Seite. Sie hat Fenster statt Wände eingebaut, um den Grundriss zu gliedern, ohne viel Sonne zu verlieren.

Mit ihren weichen Lieblingsfarben, die von Weiß, Meergrün bis zu Altrosa reichen, hat die Mutter von inzwischen zwei Kindern trotz des rauen Charakters des Lofts eine heimelige Atmosphäre geschaffen. Ihre große Sammlung an Vintage-Spiegeln, alte, gemütliche Sessel, Camping-Stühle vom Flohmarkt und ländlich anmutende Leinenstoffe addieren zusätzlich Charme. Das Einrichten liegt der Illustratorin im Blut. Schon ihre Eltern besaßen ein Geschäft, in dem sie Wohnaccessoires verkauften. Einiges aus deren Sortiment rettete Zoé in ihre Garage und arrangierte es liebevoll. „Ich sammle immer etwas anderes", gesteht Zoé.

» *Um das Sonnenlicht maximal zu nutzen, wurden Glasfronten statt ganzer Mauern eingezogen. Die geben jetzt dem offenen Grundriss die nötige Struktur.*

« *Natürliche Materialien und helle Farben schaffen Wohnlichkeit. Fundstücke, die zu kleinen Stillleben arrangiert werden, tun das Ihre dazu, um dem Loft persönliche Atmosphäre einzuhauchen.*

„Ich liebe Weiß mit Grün."

ZOÉ DE LAS CASES

« *Bad und Schlafzimmer gehen ineinander über, dadurch entsteht eine großzügige Hotelatmosphäre.*

» *Mit Grüntönen von Mint bis Olive, gepaart mit Pastellfarben, zaubert Zoé de las Cases die Provence in ihr Pariser Zuhause.*

ZOÉS
SCANDI-
ESSENTIALS

HETEROGENITÄT
Der raue Charme der ehemaligen
Werkstatt wird mit weichen Farben
von Weiß, Meergrün bis zu Altrosa
abgemildert. Dazu setzt Zoé noch
natürliche Materialien wie Leinen und
Holz ein, die als Antithese zum
Garagen-Ambiente stehen.

KOLLEKTION
Als Illustratorin liegt Zoé die
Gestaltung kleiner Ecken nahe.
Die Sammlung von kleinen Spiegeln
hat sie im Bad zu einem Objekt
über dem Waschtisch vereint.

WOHNSINN
Besonders sperrige Räume brauchen
Gemütlichkeit. Zoé hat mit einer ge-
mauerten Bank im offenen Bad nicht
nur Stauraum geschaffen, sondern
auch die Gelegenheit genutzt, hier mit
Kissen und Polstern dem kühlen Raum
Wärme einzuflößen.

„Erst waren es Spiegel, dann Rahmen, zurzeit habe ich mich auf Etageren kapriziert." Auch
Puppenhäuser haben es ihr angetan, seit sie ein altes Exemplar im Internet ersteigert hat. Genug
Platz hat sie ja. „Ich liebe die Dimension, hier ist auch endlich Raum für einen riesigen Esstisch
aus roher Eiche, von dem ich schon lange träume." Mit der Badewanne aus den 30er-Jahren,
die im offenen Bad auf Krallenfüßen steht, hat sich die Designerin schon einen lang gehegten
Wunsch erfüllt. Mit Körben, Kissen und einer gemauerten Bank hat sie dem Raum Wohnlichkeit
verliehen und entspannt hier gerne am Abend. Zwei Stufen darunter liegt ihr Schlafzimmer,
dessen offene Gestaltung ein bisschen an Stockholmer Designhotel-Zimmer erinnert.

Zoé setzt bevorzugt auf skandinavische Geradlinigkeit im Mix mit Möbeln und Accessoires
aus dem Fünfzigern. Diesen Look hat sie auch für die Kinderzimmer gewählt, in denen die
Wände mit Zeichnungen und Collagen verziert sind und kleine antike Stühle und Puppenkü-
chen herrlich nostalgisch wirken.

Das passt zu ihrer Wohnung, dieser Garage, die schon zu Wirtschaftswunderzeiten existierte.
Und in der es jetzt statt nach Motoröl nach frischem Wind aus dem Norden riecht.

die COOLNESS DES SCANDI-LOOKS IST UNÜBERSEHBAR. SEIN GEHEIMNIS? ENTSPANNT DEKO-PIECES MIT GEOMETRISCHEN FORMEN KOMBINIERT MIT PASTELLFARBEN UND HELLEM HOLZ.

» Dass Aufbewahrung auch cool daher kommen kann, beweist dieser Metallkorb.

⌃ Dänisches Design auf den Punkt gebracht: Der Stuhl von Hay ist zeitlos schön.

» Die Stehleuchte mit seidenmattem Lampenschirm passt in jede Wohnung und verleiht unaufdringlichen Scandi-Charme.

⌃ Limettengrün und klare Linien – das ist Sofa Era von Norman Copenhagen.

❯❯ Mit diesem Teppich liegt einem der (Scandi-)Himmel zu Füßen, denn Stern-Prints sind ebenfalls typisch für den Wohnstil.

«❯ Geometrische Muster lassen sich ganz einfach durch hübsche Kissenbezüge integrieren.

« Ein Scandi-Must-have ist diese Isolierkanne EM77 in Kupfer von Stelton.

⌃ Marmor und Kupfer – zwei Trendmaterialien, die so chic aber doch so lässig daherkommen – besonders bei diesem Beistelltisch.

⌃ XS-Zauber: Teelichthalter in zartem Minzgrün vom skandinavischen It-Label Bloomingville.

⌃ Dekoelemente einfach auf dem Tisch in Szene setzen – geht ganz einfach.

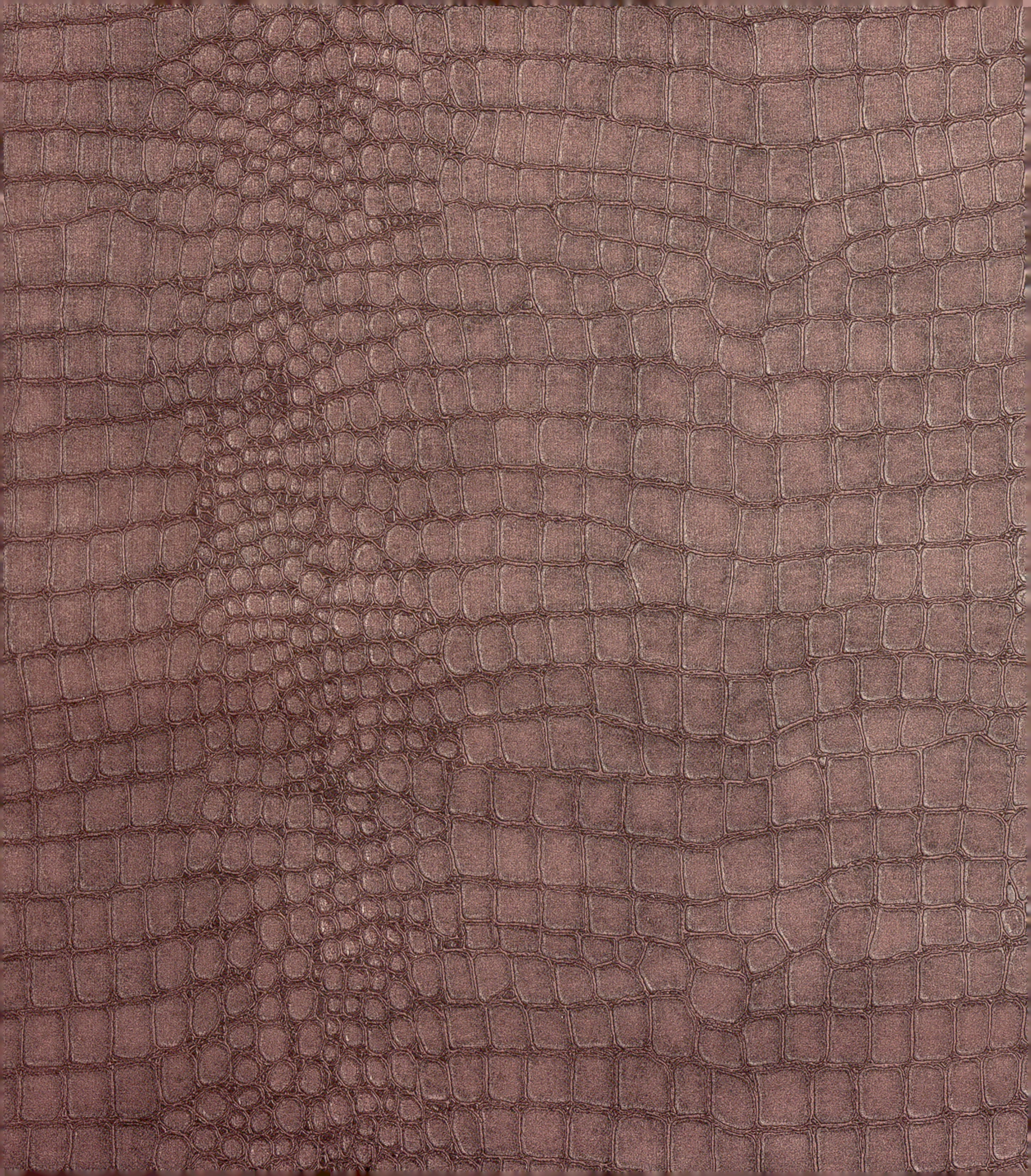

EXZENTRIK

Für exzentrische Interieurs gibt es keine allgemeingültige Formel – sie sind das Spiegelbild des Menschen, der sie kreiert und sein Faible für Kuriositäten und alles Unkonventionelle auslebt. Zimmer gleichen Wunderkammern: Ein furchtloser Mustermix und eine extravagante Farbgebung, individuelle Sammlungen und Raritäten laden ein, sich auch mit auf den ersten Blick sperrigen Themen auseinanderzusetzen.

EXZENTRIK
Hausbesuch

· · · · · · · · · · · · · · · ·

JÄGER UND SAMMLER

ANDREAS HAUMESSER

Eine Wunderkammer, in der Zufall perfektioniert wird: Antiquitäten haben ihren Platz neben Avantgarde-Kunst, Möbelklassiker dienen als Bühne für diverse Sammlungen. Ein Besuch in Andreas' Wohnung gleicht einem Trampolinsprung in ein amüsantes Paralleluniversum.

» *Porträts in unterschiedlichen Rahmen sind eine Sammelleidenschaft. Der bajuwarische Einschlag einiger Bilder wird ironisch von weiteren Accessoires aufgenommen.*

≫ *Wandteller hatten lange ein spießiges Image. Hier wird damit gespielt.*

Kuriositäten, Raritäten, Designklassiker und über 50 Bilder in einer Wohnung so zu vereinen, dass ein harmonischer Gesamteindruck entsteht, ist eine Kunst. Andreas Haumesser beherrscht sie mit Aplomb und hat seine Münchener Wohnung zu einer Wunderkammer voller Aha-Effekte stilisiert.

„Ich bin wie ein Eichhörnchen und muss immer schöne Dinge für mein Zuhause sammeln", lacht der Inhaber einer PR-Agentur. Seit seinem Studium interessiert sich der 39-Jährige für Möbelklassiker von B&B Italia, Classicon oder Artemide. Dazu, und da beginnt die Extravaganz, kombiniert er mutig, was auf den ersten Blick nichts miteinander zu tun hat: Requisiten aus der Münchener Staatsoper neben ausgestopften Tieren, Tom-Dixon-Kerzenhalter neben antiken Silberkandelabern oder einem Dekanter von Riedel. Seit zehn Jahren wohnt der Agenturbesitzer auf den 75 Quadratmetern – und jedes Stück, jedes Eck spiegelt die Persönlichkeit des Bewohners wider.

Die Wände im elegant gustavianischen Farbton „Pavilion Gray" von Farrow & Ball tragen dazu bei, dass man sich hier wie in einer Schatzkammer fühlt. Bereits in der Küche hält sich Andreas nicht an Konventionen: Die Stühle stammen von den Großeltern, der runde Tisch ist sogar noch eine Generation älter. Die dunkle Tischdecke ist eine neue Eigenkreation. „Es gibt nicht wirklich viel Auswahl für einen Männerhaushalt, deshalb lasse ich meine Tischdecken immer aus Anzugstoffen schneiden." An der Wand darüber beginnt die Galerie, die sich beinahe durch die gesamte Wohnung zieht. Porträts in Öl unbekannter Maler reihen sich an Stickbilder aus Kopenhagen und Scherenschnitte, David Bowies Konterfei hat neben

„Ob in der Mode oder beim Interieur, ich mag Auffälliges."

ANDREAS HAUMESSER

bayerischer Glasmalerei seinen Platz. Das Glasbild ließ übrigens Hollywood-Star Orlando Bloom bei einem Antiquitätenhändler in München reservieren, hat es aber nie abgeholt und so konnte Andreas Haumesser es zu seiner Sammlung hinzufügen.

Auch im Wohnzimmer hängen Schwarz-Weiß-Fotografien von Ikonen wie Maria Callas und Marlene Dietrich in friedlicher Nachbarschaft zum Newcomer-Künstler Tibor Pogonyi, zufällig entdeckt man dazwischen Fotografien von Andreas mit Größen wie Karl Lagerfeld, Barbara Hulanicki oder Terry Richardson. Meistens sind es Bauchentscheidungen, die den Hausherren dazu veranlassen, sein Inventar um ein Objekt zu erweitern. Der fünfarmige Silberleuchter zählt zu seinen liebsten Anschaffungen. „Er war ursprünglich sehr teuer, ich habe ihn bei einer

≪ Das Wohnzimmer ist auf den ersten Blick elegant, auf den zweiten Blick entdeckt man an jeder Ecke exzentrische Fundstücke des Hausherren.

» *Tierische Exponate finden selbst auf dem Barwagen ein Refugium.*

Geschäftsauflösung erstanden und musste einfach die Gelegenheit nutzen." Um die Kommode im Wohnzimmer ist er allerdings drei Jahre beim Antiquitätenhändler herumgeschlichen. Sie stammt aus den Zwanzigern und gehörte einem jagdbegeisterten Vorbesitzer, der seine Trophäen bei diesem Interieur-Schatz einarbeiten ließ. Ein ungewöhnliches Stück, das Andreas genau wegen seines skurrilen Looks gefiel. „Ob in der Mode oder beim Interieur, ich mag Auffälliges, das ein Statement setzt", sagt er, der gern Hüte, Fliegen oder auch mal Kimonos trägt. Natürlich kann er auch anders. Seine Couch von B&B Italia oder der Sessel von Ligne Roset sind schlichte Klassiker, das Sideboard spricht ebenfalls durch seine Reduziertheit an. Aber nur, um dann mit Exponaten wie Korallen und Porzellanvögeln zu überraschen. Überhaupt haben Tiere es dem Münchener angetan: Ein ausgestopfter Marder überblickt das Geschehen im Wohnzimmer, die schwarze Rabbit Lamp von Moooi leuchtet im Eck und das Äffchen vom dänischen Designer Kay Bojesen hangelt sich von der Aldo-Tura-Hausbar hinab.

Selbst im Schlafzimmer huschen Rehe und Mäuse aus Porzellan von der Porzellanmanufaktur Nymphenburg auf der Kommode durchs Bild. Ein Eichhörnchen fehlt allerdings. „Das bin ich ja selbst", lacht Andreas Haumesser und geht weiter auf die Suche nach Kuriosem und Wunderbarem, das er zum Glück nicht wie seine tierischen Vorbilder versteckt.

EXZENTRIK

Hausbesuch

· · · · · · · · · · · · · · ·

DAMENHAFTE
DRAMATURGIE

ALA ZANDER

Leoprint und Missoni-Muster, Tiger-Look und Versace-Accessoires – in diesem Penthaus herrscht ein extravaganter Mix. Maskuline Akzente und eine unbekümmerte Lässigkeit lassen Alas Wohnung wie die Suite in einem dekadenten, charmanten Hotel wirken.

Ein Aufzug katapultiert Gäste ins Ala-Wunderland im 5. Stock über den Dächern Münchens. Bachelor-Pad-Chic wird in diesem loftartigen Neubau mit Poufs von Missoni Home und Duftkerzen von Baobab kombiniert. „Ich mag den Hotelsuite-Charakter meiner Wohnung", lächelt die Inhaberin einer PR-Agentur, die drei Wochen im Monat für ihren Job unterwegs ist und in Hotelbetten schläft.

Die „Mad Men"-Ästhetik ihrer Wohnung ist so faszinierend wie stilvoll und ein spannender Kontrast zu Ala Zander selbst. Nahezu maskulin wirken Fronten aus dunkelbraunem Teakholz, die geradlinige, offene Küche, die eingebaute Bücherwand und der Kamin, der Kochen und Living trennt. „Bevor ich eingezogen bin, hat ein recht wohlhabender Junggeselle seinen Geschmack hier ausgelebt", erklärt die Hausherrin.

Ala Zander sieht sich selbst als Nomadin und träumt davon, irgendwann auszuwandern. Bis dahin postet sie auf Instagram als „Travala" Bilder aus aller Welt, von PR-Reisen für ihre Agentur Stilart und privaten Fluchten. Vielleicht besitzt die Blondine mit der markanten Haarkrone auf dem Kopf deshalb auch nicht viele

Möbel; dafür wenige besondere Stücke, die ihr viel bedeuten. Auf dem Kamin thront eine Geisha-Statue, ein Geschenk ihrer Schwester, einer leidenschaftlichen Antiquitätensammlerin und Inhaberin des Münchner Interieurshops Ladoug. „Ich bin überzeugt, dass es nicht gut ist, viel zu besitzen. Ich bin sehr wenig zu Hause, dennoch liebe ich diese Wohnung. Sie ist eine Basis in meinem ruhelosen Leben."

Was sie besonders an diesem Rückzugsort mag? „Dass man den Himmel sehen kann." Das lichtdurchflutete Wohnzimmer, auf zwei Seiten von bodenlangen Fenstern eingerahmt, bietet einen sagenhaften Blick. „Manchmal scheinen die Alpen von hier zum Greifen nah", schwärmt Ala.

Auch vom schwarzen Esstisch geht der Blick nach draußen, während man sich auf Lederstühlen oder dem Sessel mit Tigerprint-Bezug herrlich verhocken kann. Raumdüfte und Aschenbecher von Versace, der ersten Marke, die sie zu Beginn ihrer Karriere vertreten hat, sind Eyecatcher mit Erinnerungswert. Diese kleinen Besonderheiten finden sich in der ganzen Wohnung: Handtaschen, die an der Balkontür baumeln, Schmuck,

» Nahezu maskuline Elemente und spielerische Accessoires verbinden sich im Wohnzimmer zu einem spannenden Interieur-Mix.

den Ala über Lampenschirmen aus Wildseide drapiert hat, und ein Stoffleopard, den ein Freund auf dem Oktoberfest für sie beim Schießstand gewonnen hat.

In Alas Bad kommt die Vorliebe für luxuriöse Hotels wieder zum Vorschein: eine Badewanne, die in den Boden eingelassen ist, eine Sauna und eine verglaste Wand, die den Blick aufs Bett freigibt. Aber auch hier hat die PR-Expertin und Meisterin der Inszenierung mit Augenzwinkern für einen Aha-Effekt gesorgt. Die Leopardenbettwäsche von Ralph Lauren Home würde man wahrscheinlich nicht in einem Sterne-Haus finden …

» *Fellkissen und Strick sorgen vor dem Kamin für Behaglichkeit, so auch der Blick durch die bodentiefen Fenster für Freiheitsgefühl.*

» *Liebevolle Erinnerungen und Geschenke sind persönliche Noten in der bewusst kreierten Hotelatmosphäre.*

„Die Wohnung ist die Basis in meinem ruhelosen Leben."

ALA ZANDER

ALAS
EXZENTRIK-
ESSENTIALS

LEO-LIEBE

Früher hatte Ala eine komplette Wohnung im Leomuster dekoriert, heute sind es einzelne Kissen oder die Bettwäsche, die sofort für eine exzentrische Note sorgen.

LABEL-LOVE

An Versace scheiden sich wegen des opulenten Looks und der verschwenderischen Verwendung von Gold die Interieur-Geister. Ala inszeniert ihre Aschenbecher mit Medusenkopf mit einem Augenzwinkern. Ihre Sammlung stammt aus der Zeit, als sie das Label noch betreute.

DUFT-LIEBE

Schon der Geruch einer Wohnung bestimmt das Erleben. Mit erlesenen Raumdüften und Duftkerzen lassen sich unterschiedliche Stimmungen erzeugen.

« *Die offene Küche mit geradlinigen Fronten gibt den Blick auf das Wohnzimmer und den Kamin frei.*

⌃ *Die Liebe zu Leomuster und Taschen wird mit einem Augenzwinkern wie zufällig im Esszimmer inszeniert.*

. . . .

SKURRILE
UNTERHALTUNG

CASPER REINDERS

Wer im Loft an der schönen Keizersgracht durchkomponierten Industrie-Chic erwartet, kennt Casper schlecht. Der Gastronom setzt auf Überraschungseffekte in seinen Restaurants und zu Hause.

⩗ Die Loftatmosphäre des Apartments wird durch Werkzeugwagen und dicke Stahltüren unterstützt.

In seinen Clubs und Restaurants entertaint Casper Reinders eine hungrige Klientel mit Drinks, Dinner und Disco, sein Apartment soll hauptsächlich ihm selbst und seiner Familie Spaß machen. Wobei Spaß vielleicht das falsche Wort ist. Der Amsterdamer Gastronom liebt die Provokation und das Spiel mit Erwartungen.

Vor seinem Domizil in der Keizersgracht lehnt die mit Stickern beklebte Vespa des 55-Jährigen, ein italienisches Moment, bevor man in den New Yorker Loft-Stil eintaucht: Ein Aufzug fährt einen in das Apartment von Casper Reinders, 177 Quadratmeter, Baujahr 1939, durch und durch alter Fabrikcharme. „Mehr Loft als hier ist in Amsterdam nicht zu finden", bekundet der Hausherr, der seine Einrichtung als Rock'n'Roll und urban bezeichnet, sogar das Adjektiv klassisch verwendet. Allerdings sind Biedermeier und Blümchenkaffee hier garantiert nicht zu finden, dafür ein großes Regal voller Schädel, jede Menge museal anmutende Stücke aus der Taxidermie und Raritäten wie eine Tattoo-Nadel aus Holz oder Walross-Zähne.

Niemals würde Casper den Handel mit Tierpräparaten unterstützen. „Meine Kollektion habe ich ausschließlich aus alten Sammlungen aufgebaut, vieles stammt aus Universitätsbeständen." Der Vogel auf dem Sideboard ist von 1927. „Nur wenn ein Objekt über mehr als 60 Jahre alt ist, habe ich kein Problem damit", sagt Casper, der seit Kindertagen eine Affinität zu Kunst und Antiquitäten hat. Und

» *Neben Raritäten und Skurrilitäten wie einem Schrein bestimmen maskuline Farben das Interieur.*

« *Ein Opiumbett
wirkt im Wohnraum
als Raumteiler und
stilistischer Gegenspie-
ler zu coolen Acces-
soires und Möbeln aus
Stahl.*

» *Eine Fernost-Ecke
im Schlafzimmer
ist der spirituelle
Weichzeichner für den
dunklen Look.*

„Meine Sammelleidenschaft wird nie ein Ende finden."

CASPER REINDERS

CASPERS EXZENTRIK-ESSENTIALS

ROCK'N'ROLL
Die Basslinie der Einrichtung gibt der Farbik-Look der Wohnung vor. Als Riff setzt Casper seine Kollektion aus Skeletten, Schädeln und taxidermischen Raritäten ein.

MÄNNERDOMÄNE
Seine maskuline Sammlung aus Flugzeugen, Boxhandschuhen und Spielzeugsoldaten ergänzt er augenzwinkernd mit Heiligenfiguren, einem Kaugummiautomaten und Möbelklassikern wie dem Lounge Chair von Eames. Wer genau hinguckt, entdeckt auch ein Flakon-Stillleben.

CHAOS & GENIE
Schiefe Bücherstapel und vermeintlich willkürlich zusammengewürfelte Deko-Haufen sind in Wirklichkeit ein gewollt inszeniertes Gesamtkunstwerk, in dem sich der Betrachter stundenlang verlieren kann und immer wieder auf's Neue überrascht wird.

er liebt es, seine Entdeckungen runterzuhandeln, das Hin und Her bereitet ihm eine diebische Freude. „Für meinen Aviation-Globus hat der Händler fast 600 Euro verlangt, ich habe nach einer halben Stunde 470 gezahlt. Dabei ist das gute Stück beinahe 2.000 Euro wert", freut sich der Unternehmer mit derzeit dreizehn Lokalen in Amsterdam über seinen Coup. Er hat noch ein anderes Bewertungssystem für seine Schätze: Wenn seine Mitarbeiter beim Anblick schreiend weglaufen, ist er sicher, etwas Besonderes gefunden zu haben. Nicht mit allem will er anecken, schon seinem Sohn James und seiner Frau zuliebe. Das halbrunde Sofa von de Sede, der Lounge Chair von Eames oder das Opiumbett könnten auch in einer normalen Wohnung stehen.

Selbst Casper Reinders hat einen Ausgleich zu seinem extravaganten Zuhause. Eine Finca auf Ibiza ist das zweite Domizil der Familie. „Der Hof ist stilistisch völlig anders, es gibt viel altes Holz, Weiß, alles strahlt Gemütlichkeit aus." Immer nur Provokation und Entertainment ist selbst für einen Vollblut-Gastronomen wie Casper Reinders zu viel. Aber deshalb wird er nicht aufhören, weiter nach bizarren Objekten zu suchen. „Meine Sammelleidenschaft wird nie ein Ende finden. Jede Woche entdecke ich etwas, was ich zu meinem Konvolut noch hinzufügen kann." Schließlich will er nicht nur seine Gäste immer wieder auf's Neue überraschen, sondern auch sich selbst.

das Spiel mit spannenden Formen, ungewöhnlichen Stücken und persönlichem macht den individuellen Exzentrik-Look aus.

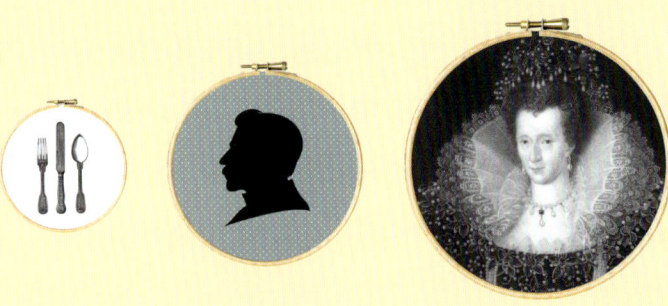

⌃ Runde Stickbilder in verschiedenen Größen sind ein einzigartiger Wandschmuck.

⌃ Der Stil lebt von Hingucker-Stücken, die ungewöhnlich und interessant sind. Diese Hängeleuchte erinnert irgendwie an einen Kugelfisch.

« Kleine Tiere aus Porzellan oder Holz, wie der Kult-Affe von Kay Bojensen, addieren Charme und Witz zum exzentrischen Stil.

» Aufregende Muster wie Leo- oder Zebraprints gehören zum Exzentrik-Stil. Das furchtlose Mixen ebenfalls.

⌃ » Glasglocken bieten die perfekte Bühne, um Einzigartiges und Ungewöhnliches hervorzuheben.

Besondere Möbelstücke können gut zum Vorschein kommen, wenn man sie mit besonderen Elementen, wie hier mit einem bezaubernden Hortensien-Arrangement, verziert.

» Geniestreich von Designer Jonathan Adler: Die Kommode besticht durch Nussbaumholz und Griffen aus Messing.

« Ein kleines Investment: Der Sessel von Gubi mit angesagtem Palmen-Print verdient einen ganz besonderen Platz.

» Man darf den Duft nicht unterschätzen – jede Wohnung sollte nach etwas besonderem riechen.

LANDHAUS

Landluft weht natürliche Materialien wie Leinenstoffe, Filz, Rattan, Ton und Holz ins Haus. Vervollständigt wird der Look mit gedrechselten Möbeln, Antiquitäten und Gegenständen, die eine Familientradition fortführen, sowie Farben, die in der Natur vorkommen. Das i-Tüpfelchen ist die Blumendeko mit Bauernrosen und Hortensien oder Früchten und Zweigen, die gerade Saison haben. Und weil man auf dem Land nicht zimperlich ist, darf alles auch Gebrauchsspuren und Patina zeigen.

ITALIENISCHE
ROMANTIK

CONSUELO FUNARI

Als Inszenierungsprofi hat Consuelo ihren Traum von Landhaus-Romantik mit sanften Farben und barocker Opulenz verwirklicht. Ein poetisches Ambiente, das sie nur mit einer modernen Küche konterkariert.

» Der Kamin, den man von zwei Seiten genießen kann, ist das romantische Herzstück im Untergeschoss.

⩔ Grandezza, italienische Großzügigkeit, atmet auch das Wohnzimmer der Villa Respiro.

Villa Respiro heißt das Anwesen nur wenige Kilometer von Mailand entfernt. Der Name bedeutet Atemzug – und obwohl das Haus aus dem 19. Jahrhundert Consuelo Funari jede Menge Puste während der Renovierung gekostet hat, ist es heute das Refugium der Wedding-Planerin und Interieur-Stylistin, in dem sie Luft holt vom hektischen Alltag.

„Um dieses Haus einzurichten, habe ich fast zwei Jahre recherchiert, war auf Antikmärkten in der Provence und Nordeuropa unterwegs, um einzigartige Sachen zu finden, die hier perfekt hineinpassen", erzählt die Italienerin. Die Leidenschaft, Besonderes zu kreieren, hat sie von ihrer Mutter geerbt, deren Foto einen Ehrenplatz im Haus bekommen hat. „Von ihr habe ich auch die Liebe zur Mode und Partys", sagt Consuelo, die gemeinsam mit ihrer Schwägerin Anna die Stil-Gene dazu nutzt, um Events und Hochzeitsgesellschaften in einem Haus in der Gegend zu organisieren. Grandezza ist bei diesen Feiern quasi unumgänglich, denn die Italienerin liebt es glamourös. „Selbst um zum Supermarkt zu gehen, suche ich ein schönes Kleid aus. Und bei einer Party überlege ich genau, was die passenden Farben, Blumen und Dekorationen sind." Consuelo inszeniert mit ihrem rein weiblichen Team eine unvergessliche Atmosphäre – und natürlich ist diese Detailverliebtheit auch in ihrer eigenen Villa zu spüren.

„Ich wollte ein offenes Haus, in dem man sich trifft, redet, gemeinsam kocht und isst."

CONSUELO FUNARI

» *Deko-Schrein: Das Regal dient als Bühne für Lieblingsstücke.*

« *Zwischen Erdtönen sorgen immer wieder glamouröse Akzente für einen gekonnten Stilbruch im Landhaus-Look.*

⌃ *Die Küche ist bewusst modern gehalten, um einen Kontrast zu dem Steinmauerwerk zu kreieren.*

Die Palette, für die sie sich zu Hause entschieden hat, besteht aus Weiß, Ecru und Grau – entspannenden, hellen Farben. Statt alle Wände neu zu verputzen, hat Consuelo auch das schöne alte Steinmauerwerk in der Küche oder im Bad offen gelassen, um der natürlichen Patina des Hauses Tribut zu zollen. Die Einrichtung besteht zu einem großen Teil aus Familienerbstücken, denen sie teilweise nach ihrem Ideal ein neues Finish verpasst hat.

Die Familie spielte auch bei der Planung der Räume eine wichtige Rolle. „Ich wollte ein offenes Haus, in dem man sich trifft, redet, gemeinsam kocht und isst", sagt Consuelo. Um das realisieren zu können, hat sie zugunsten einer riesigen Küche den Pool zuschütten lassen. Die richtige Wahl, findet sie auch heute

noch. Dafür konnte sie ihren Traum von einer Kochinsel leicht realisieren. „Ich liebe es, wenn es ordentlich dampft und zischt, während ich einfache, aber köstliche Rezepte hier mittendrin im Raum zubereite."

Heiß her geht es auch um den doppelseitigen Kamin, der zu beiden Seiten des Wohnbereichs brennt. Hier nimmt Consuelo gerne intime Dinner ein. „Ein perfektes Setting für romantische Abende", lacht sie. Mit seiner provenzalisch barocken Anmutung ist er das Herzstück des Hauses. Um keine Monotonie aufkommen zu lassen, hat sie sich beim Sofa für ein dunkles Taupe entschieden und Kissen mit üppigen Rüschen, Spitzen und floralen Stickereien darauf arrangiert.

» *Barockelemente im
Schlafzimmer und im
Gästebad sorgen für
die nötige Opulenz im
Landhaus-Look.*

Romantik kommt selbstverständlich bei der durchdachten
Planung auch im Schlafzimmer der Villa Respiro nicht zu kurz.
Ein gewaltiges Barockbett und warme, samtige Farben laden
zum Träumen ein. Ein goldfarbener Spiegel über der Kommode
verleiht auch hier das Gefühl von Weite. Wobei ein Blick aus dem
Fenster das Gleiche bewirkt: Eher Park als Garten ist die Land-
schaft um die Villa Respiro und genauso perfekt zum Aufatmen,
wie der Name es glauben lässt.

CONSUELOS LANDHAUS-ESSENTIALS

SOUVENIR-EMBARGO
Konsequent hält sich Consuelo an das selbst auferlegte Prinzip, nichts von Reisen mitzubringen. „Man sollte Dinge nicht aus ihrer Umgebung und ihrem Kontext reißen. Hier würden sie nur wie ein Eindringling wirken."

HELLER WOHNSINN
Die Farbpalette in Consuelos Villa Respiro ist durchgehend Weiß, Beige und Greige. Die monochrome Wahl wirkt nicht langweilig, weil sie mit Materialien und Formen spielt, z. B. zu hellen Korbstühlen Polster addiert.

RESPEKTVOLL
Angst ist ein schlechter Berater. Consuelo hat die Erbstücke in ihrem Zuhause mutig ihrem Stil untergeordnet und deren Oberflächen eine Patina nach ihrem Ideal verpasst.

« Mehr ist manchmal mehr, vor allem wenn es um eine romantische Atmosphäre geht.

LANDHAUS
Hausbesuch

····················

FAMILIÄRES
GUT

DEBORAH NEUFELD

Deborah genießt in ihrem Schweizer Elternhaus nicht nur einen atemberaubenden Blick über den Zürichsee. Sie kultiviert auch unter dem Dach einen charmanten Landhausstil, der von den alten Elementen des ehemaligen Weinguts lebt.

Der Bruder wohnt im Erdgeschoss, die Eltern in der Mitte und Deborah Neufeld hat die oberste Etage des Hauses am Zürichsee bezogen. Seit über 40 Jahren bietet das ehemalige Weingut Platz für mehrere Generationen der Familie. Der einmalige Blick über den glitzernden See und die Schweizer Berge ist unterdessen unverändert geblieben.

„Meine Mutter und mein Vater wollten, dass mein Bruder und ich einen Ort haben, an den wir jederzeit zurückkommen können, egal wie alt wir sind." Deshalb haben ihre Eltern das Haus, das der Opa 1971 erworben hatte, vor einigen Jahren renoviert und separate Einheiten mit viel Platz geschaffen, sodass Deborah und ihr Bruder mit seiner Familie jeweils ein Stockwerk in dem Haus bewohnen, in dem sie auch aufgewachsen sind.

Die Journalistin pendelt zwischen München und ihrem Heimatort, der ihr mit seinem Landhaus-Charme ans Herz gewachsen ist. Sanfte Farben wie Taupe, Beige, Creme und Weiß in Kombination mit Dunkelbraun oder Schwarz sorgen unter dem Dach für eine warme Atmosphäre, selbst wenn es draußen einmal ungemütlich kalt ist und der See abweisend wirkt. Im Wohnzimmer setzt die 33-Jährige mit rosafarbenen Kissen aus Wildseide

zarte Akzente. Auch Blumen können als pointierte Highlights fungieren. „Hortensien in Blauviolett leuchten zum Beispiel besonders hübsch vor den Wänden", sagt Deborah. Die Glaskaraffen und Flakons senden auf der alten dunklen Kommode eigene Reflexe. Ein imposanter Holzschrank, den Deborahs Mutter vor 40 Jahren mit in die Ehe gebracht hat, steht heute bei der Tochter in der Wohnung und unterstreicht dort den Mix aus Alt und Neu.

Eines der Highlights in der Wohnung ist sicher der grüne Kachelofen, der nostalgisches Flair in der offenen Wohnküche verbreitet. „Wir haben versucht, bestehende Elemente in die neue, moderne Einrichtung zu integrieren", erzählt Debbie. Dass der Versuch geglückt ist, erkennt man auf den ersten Blick, denn obwohl die Küchenzeile modern in Schwarz gehalten ist, harmoniert sie wunderbar mit dem Jugendstil-Ofen, wobei ein Kronleuchter über dem Esstisch als verbindendes Element fungiert. Deborahs Vater hat ihn bei einer Restaurantauflösung entdeckt und eigenhändig unter dem Dachgiebel angebracht. Auch die Radierungen und Skizzen, die in schwarzen und goldenen Rahmen arrangiert sind, sorgen für einen harmonischen Gesamteindruck in diesem Raum, der bei aller Funktionalität sehr elegant wirkt.

....

» *Der alte Kachelofen verbreitet in der offenen Wohnküche Wärme und Nostalgie.*

....

„Hortensien in Blauviolett leuchten besonders hübsch vor den Wänden."

DEBORAH NEUFELD

Im Schlaf- und Ankleidezimmer setzt sich dieser ausgewogene Look fort. Eine cremefarbene Couch, eine Ottomane mit weißem Leinenstoff und etliche Kissen, Kerzenhalter aus schwarzem und weißem Holz und ein Schaffell lassen einen wunderbar darüber grübeln, welches Outfit wohl passend für den Tag wäre, nachdem man sich aus der Leinenbettwäsche geschält hat. Aber zur Not können bei dieser Entscheidung auch Bruder, Schwägerin und Eltern helfen. Wofür wohnt man schließlich mit seiner ganzen Familie unter einem Dach?

DEBORAHS LANDHAUS-ESSENTIALS

INTEGRATIONSPROJEKT

Wenn man selbst nicht Bauherr war, gibt es in einer Wohnung immer Dinge, die man ganz anders gemacht hätte. Statt sich zu ärgern, lieber Unveränderbares akzeptieren und in das eigene Konzept integrieren. Oft stellt sich dann auch eine innige Liebe ein – wie bei Deborah und ihrem Kachelofen.

COOL COUNTRY

Der Landhaus-Look muss nicht immer in soften Naturtönen sein. Deborah kombiniert weiße Stoffe mit dunklem Holz und schenkt dem Stil dadurch eine unerwartete modische Note.

BAUERNSCHLÄUE

Im Landhaus-Ambiente würde man vielleicht Bauernsilber, Keramikschalen und einen röhrenden Hirsch erwarten. Deborah setzt lieber klug mit Muschel-Deko, Radierungen und Kristall auf einen Überraschungseffekt.

BLUMENDEKO

Statt Wiesenblumen inszeniert Deborah blaue Hortensien vor einer beigen Wand, weil so die Blüten richtig leuchten. Oft reicht eine einzelne Hortensie, da die voluminösen Köpfe viel hermachen.

« *Hortensien fungieren mit ihren zarten Blüten in kräftigen Nuancen als Highlight eines Stilllebens.*

dER GEMÜTLICHE COUNTRY-LOOK VERZAUBERT DURCH CREME- UND WEISSTÖNE UND NATURMATERIALIEN. VON RUSTIKAL BIS ELEGANT, VON GEMÜTLICH BIS WARMHERZIG – DIESER WOHNSTIL FASZINIERT DURCH VIELE FACETTEN.

» Ein romantische bedrucktes Geschirr verziert jede gedeckte Tafel.

Wenn Sie Platz haben: In gemütlichen Leseecken erholen Sie sich wie im Urlaub.

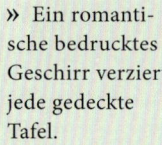

ꜛ Dass der Landhaus-Stil auch durch elegante Anmutung besticht, beweist der Lampenfuß mit Schildkröten aus Porzellan.

ꜛ Leinen und Jute sind typische Materialien für den Stil. Umso schöner, wenn man sie kombiniert – wie hier mit geflochtener Borte.

ꜛ Ein Sideboard aus Pinienholz sorgt für rustikalen Charme. Was fehlt? Ganz klar: hübsche Wiesenblumen.

⌃ Braun liebt Weiß: Der passende Esstisch besticht durch Füße im Vintage-Look.

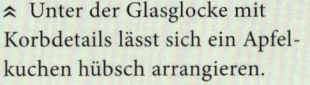

⌃ Unter der Glasglocke mit Korbdetails lässt sich ein Apfelkuchen hübsch arrangieren.

⌃ Materialien wie Emaille oder Zink (wie hier) verleihen dem Wohnstil romantisches Retro-Flair.

⌃ Wassergläser aus buntem Glas sind besonders chic für den Landhaus-Look.

« Wenige Cloches, kleine Porzellanschüsseln mit Blümchen und arrangierte Kerzen auf einem zarten Läufer – und fertig ist die Tischdeko.

PURISMUS

Der moderne Stil lebt von Understatement und Zeitlosigkeit. Die Lösung lautet: Weniger ist mehr. Dabei helfen zurückhaltende Farben, schnörkellose Möbel und nur wenige, sorgsam ausgewählte Accessoires, hochwertige Stoffe und eine subtile, stilvolle Farbpalette für ein minimalistisches Aussehen mit maximaler Wirkung.

PURISMUS

Hausbesuch

· · · · · · · · · · · · · ·

MODERNE
INTERPRETATION

CORINNA THIEL

Corinna ist vier Mal pro Woche in Europas Metropolen unterwegs und genießt es, die restliche Zeit zu Hause zur Ruhe zu kommen. Das ästhetische Ambiente, das sie mit einem durchdachten Farbkonzept fördert, hilft ihr dabei.

In der Goethestadt Frankfurt am Main gilt das Prinzip „Dem Wahren, Schönen, Guten". So lautet die Inschrift am Dachfries der Frankfurter Oper. Corinna Thiel interpretiert dies in ihrer Wohnung im Nordend mit moderner Attitüde: Gradlinigkeit gepaart mit wenigen ausgewählten Accessoires und klare Farben wie Schwarz und Weiß nur minimal von Farbklecksen durchdrungen, sind die Essenz des stilvollen, puristischen Wohnens.

Corinna arbeitet als Head of International Communications bei einer großen Schmuckfirma und ist qua Beruf schon den schönen Dingen verfallen. Es darf aber nicht zu viel werden: „Stehrümchen hat jeder. Ich arrangiere meinen Schnickschnack ständig wieder neu – und lasse die gerade nicht aktuellen Dekostücke im Sideboard verschwinden." Deshalb sehen ihre 62 Quadratmeter auch so aufgeräumt und clean aus. Durch die Details des Altbaus wie leicht knarzende Kassettentüren und große Fenster wirkt die Wohnung aber dabei sehr charmant. „Ich bevorzuge Brüche – egal ob in der Mode oder im Interieur. Ich mag es, wenn etwas Modernes auf klassische Features trifft", sagt die 33-Jährige. Eine erste Überraschung ist das Pistaziengrün der Wände. „Ich wusste immer, dass meine Wohnung einmal diesen Farbton haben würde. Als ich vor fünf Jahren nach Frankfurt zog, habe ich sie selbst angemischt und gestrichen." Bis heute ist sie glücklich mit dem Ergebnis.

Im Wohnzimmer, das mit schwarzen Holzmöbeln und einer schlichten Ledercouch mit Kissen in Moosgrün, Grau und Peach eingerichtet ist, herrscht nicht zuletzt wegen dieses feinen Grüns an der Wand eine subtile Eleganz, die mit neonfarbenen Akzen-

ten wie farbigen Buchcovern oder Pumps auf einem Leiterregal konterkariert wird. Oft rollt Corinna auch dazwischen ihre Yogamatte aus, um täglich Sonnengruß und Co. zu üben, sie möchte bald eine Ausbildung zur Yoga-Lehrerin beginnen.

Pistazie und strahlendes Weiß wecken im Esszimmer Hunger auf Entdeckungen kulinarischer und optischer Natur. Den cleanen Esstisch von Kartell hat sie mit Eames-Stühlen von Vitra kombiniert, von denen sie schon als Studentin geträumt hat. In Klassiker zu investieren, lohnt sich – nicht nur in einer Bankenstadt. „Sie lassen sich unkompliziert mit neuen und ausgefallenen Stücken kombinieren und begleiten einen idealerweise eine lange Zeit." Weil sie keine Erbstücke besitzt, sondern ihre Einrichtung nur wenige Jahre alt ist, sollen Anschaffungen dafür weit in die Zukunft bei ihr bleiben. Für rosige Aussichten sorgen jedenfalls die subtilen gold- und rosafarbenen Akzente, die immer wieder auftauchen und auf Galerieleisten drapiert sind. Bücher und Bildbände sind aber farblich aufeinander abgestimmt. „Bei mir muss alles visuell zusammenpassen. Farben oder Formen wiederholen sich deshalb mehrfach", erklärt sie. Ein Einzelstück ist ihr Schreibtisch, den ihr Freund für sie ausgesucht hat, als sie die Karriereleiter hochgeklettert ist, und der jetzt vor dem Fenster mit nostalgischen Fensterläden das Arbeiten zu einer Vision werden lässt.

Im kleinen Schlafzimmer geht es weniger um Utopien als um Träume. Damit die sanft ausfallen, hat Corinna in ein herrlich bequemes Boxspringbett, weiche Bettdecken, Plaids und jede Menge Kissen investiert. Mit dem Wenigen hat sie eine Atmosphäre wie im Luxushotel geschaffen. Wahrlich schön und gut!

» *Das wenige besonders inszenieren: Durch das Pistaziengrün der Wände wirken Möbel und Bilder interessanter.*

„*Ich lasse nicht aktuelle Dekostücke im Sideboard verschwinden.*"

CORINNA THIEL

CORINNAS
PURISMUS-
ESSENTIALS

TONLEITER
Auf der Klaviatur der Farbgebung
spielt Corinna virtuos. Schwarz und
Weiß sind die Grundtöne, die durch ein
Tremolo aus Koralle ergänzt werden.
Sogar Bücher und Bildbände halten
sich an die Komposition.

RUHEZONE
Den kleinsten Raum der Wohnung hat
Corinna zum Schlafzimmer gemacht
und trotz der wenigen Quadratmeter
ihr gemütliches Boxspringbett hinein-
gestellt. Weil sie auf TV, Kleiderstange
oder unnötige Deko verzichtet,
wirkt der Raum jetzt wie eine
Insel der Ruhe.

SAISONWARE
Die kleinen Dinge, die keiner wirklich
braucht, machen eine Wohnung erst
charmant. Corinna hat ein System,
damit Dekorationen nicht überhand-
nehmen: „Ich arrangiere meine Stehrümchen ständig wieder neu – und
lasse die gerade nicht aktuellen Stücke
im Sideboard verschwinden."

« *Kleiner Raum,
voll ausgenutzt: Das
Schlafzimmer besteht
eigentlich nur aus
einem Boxspringbett.*

« *Cool ist nicht kalt:
Der softe Teppich
macht das Esszimmer
gemütlich.*

Viel Weißraum, dazu ein paar Statement-Akzente: Das Zuhause von Julie und Mathias ist unverkennbar clean, ohne antiseptisch zu wirken. Dafür sorgt schon ein buntes Surfboard, das an den nächsten Urlaub denken lässt.

Der Himmel über Berlin kann manchmal ziemlich grau sein. In der Wohnung von Julie, Mathias und der kleinen Sydney herrscht aber das ganze Jahr über Sommerfeeling. Das liegt an den großzügigen Proportionen, die sich dank eingebauter Schiebetüren leicht variieren lassen, am cleanen Weiß und an einigen ausgesuchten knalligen Farbakzenten und Accessoires.

Mathias hat schon als Student einmal in der Nähe gewohnt. Heute lebt er mit seiner Frau Julie und ihrem Töchterchen wieder im Prenzlauer Berg, allerdings meilenweit entfernt vom WG-Ambiente der Vergangenheit: 155 Quadratmeter im denkmalgeschützten Altbau mit originalem Stuck und zwei Balkonen, von denen man das Treiben auf der Straße beobachten kann, sind das Zuhause der kleinen Familie.

Ein langer, breiter Gang führt vom Entree in die Wohnung, die Mathias gemeinsam mit einer befreundeten Architektin für die Bedürfnisse der drei optimiert hat. Schlüsselfunktion haben sie den eingebauten Schiebetüren zugedacht, die Räume auf magische Weise vergrößern oder abtrennen und Wandschränke oder WCs dezent verschwinden lassen. Praktisches Denken und die elegante Umsetzung davon ziehen sich wie ein roter, oder in diesem Fall weißer, Faden durch die Zimmer. Im Wohnbereich hat sich das Paar trotz der 4-jährigen Tochter getraut, ein weißes Modulsofa aus Leder aufzustellen, das immer wieder anders arrangiert werden kann und mit blütenweißen Leinenkissen dekoriert ist. Eine ebenfalls weiße Sixties-inspirierte Bogenlampe scheint darüber zu schweben. Farbe addieren die unzähligen Bücher und Bildbände, die alle ein Thema haben: Berlin, die Wahlheimat der beiden Rheinländer. Und auch das Hobby von Mathias liefert hier einen Hingucker: Sein knallbuntes Surf-

board lehnt dekorativ in der Ecke und wartet auf den nächsten Einsatz in den Wellen.

Im Schlafzimmer regiert ebenfalls viel Weiß. Neben dem großen, gemütlichen Bett flattern filigrane Vögel an der Lampe, schlichte Kuben dienen als Nachttisch. Wer hier liegt, schläft mit dem Blick auf die blassblaue Decke mit kostbarem Stuck ein, während sich die bodenlangen zarten Vorhänge in der Brise der Nacht bauschen. Ein Gefühl, das an Luxushotels erinnert.

Apropos Grandezza: Im hinteren Teil der Wohnung schließt sich ein kleines Wohn- und Arbeitszimmer an, das mit einer goldenen Tapete tapeziert ist und das man auch als Vorzimmer zum Reich der Tochter betrachten kann. Ihr Zimmer ist ein wahrer Mädchentraum: Mini-Kleiderständer und XS-Poufs, eine Stofftierarmee und ein dünner Baumstamm, der mit allerlei Anhängern dekoriert ist, dazu sitzt eine pinke Kaninchenfamilie in der Ecke und Mickey Mouse darf bei der spontanen Teegesellschaft, zu der die Kleine in die Puppenküche einlädt, dabei sein.

In der Küche der Großen vereint sich nicht nur im Kochtopf der Geschmack von Julie und Mathias, auch die Einrichtung profitiert davon. Die Küchenzeile hat Mathias von seinem Vater übernommen, restaurieren und die Arbeitsplatte von einem Betonkünstler formen lassen. Auf das Konto seiner Frau gehen die golden schimmernde Tapete und die gemütliche Eckbank mit weißen Polstern, für Gäste stehen klassische weiße Panton-Stühle parat. Hier vergisst man gerne, dass der Himmel über Berlin grau ist. Wenn der Duft von Zitronen und mediterranen Gewürzen in der Luft liegt, fühlt man sich im Prenzlauer Berg ganz weit weg und doch sehr zu Hause.

» *Eine weiße Eckbank und ein Hauch von Gold bringen den Essplatz in der Küche zum Strahlen.*

JULIE UND MATHIAS'
PURISMUS-
ESSENTIALS

VERSCHIEBUNG
Schiebetüren sind wahre Raumkünstler. Bei Bedarf vergrößern sie ein Zimmer oder machen es kleiner, ruhiger und gemütlicher.

SOMMERFEELING
Ein Trick aus Hotels, den Julie und Mathias in ihrem Schlafzimmer nutzen: Hauchdünne Vorhänge aus fließendem Stoff in Weiß wirken klar, luftig und frisch und lassen Räume höher wirken.

BUCHKUNST
Anstatt Bücher in einem massiven Regal unterzubringen, lassen Julie und Mathias ihren Lesestoff schweben. Keine Magie, sondern ein cleveres Regalsystem, das gut bestückt in puristischem Interieur auch gleich einen Farbklecks liefert.

« *Ein weißes Sofa und eine Sixties-inspirierte Bogenlampe lassen das Wohnzimmer großzügig und luftig wirken.*

« *Der Arbeitsbereich bekommt durch schwebende Möbel Leichtigkeit.*

PARISER ZEN

INGRID JACQUIER

Dass man Französinnen nicht nur für ihren nonchalanten Modestil bewundern kann, sondern auch für das Zuhause, ist spätestens bei Ingrid klar. Die softe Beigenuance als Wandfarbe verhilft Tönen wie Grau, Altrosa, Schwarz und Rot zu einem neuen Auftritt.

Typischer Haussmann-Klassizismus trifft im Herzen des 16. Arrondissements auf ein Raumkonzept der Stille und Meditation. Ingrid Jacquier und ihr Mann Jean-Pierre haben sich in ihrem Pariser Apartment zwischen Palais du Trocadéro und Bois de Boulogne für Minimalismus mit kleinen Extravaganzen entschieden.

„Man muss sein eigener Zensor sein", sagt Ingrid, die nach zwanzig Jahren als Managing Director eines französischen Modeunternehmens endlich mehr Zeit hat, um den Klassizismus ihres Zuhauses neu zu interpretieren. Kompromisslose Zurückhaltung ist das Prinzip, das sie dabei verfolgt, um die acht Zimmer elegant, minimalistisch und mit einem professionellen Blick für Raffinesse zu gestalten. Die 64-jährige Französin bezeichnet das Ergebnis selbst als Pariser Zen.

„Mit Farben zu arbeiten, ist ein guter Weg, um die Emotion in einem Raum zu beeinflussen", erklärt Ingrid, die als Basis sanfte, pudrige Töne gewählt hat, um eine Einheitlichkeit zu schaffen. Damit daraus keine Eintönigkeit wird, setzt sie sporadisch starke Farben wie Rot oder Magenta ein. Auch tiefes Grau und Schwarz sind ein wiederkehrendes Element, das mal

vereinzelt zum Beispiel bei den Lampen im Salon und Arbeitszimmer auftaucht, als flächiges Mondstein-Schwarz an der Wohnzimmerwand oder dominant in der Küche eingesetzt ist. Die Einbauten stammen aus Mailand und mixen Grautöne mit dunklem Eichenholz und einer Arbeitsplatte aus Corian. Als Fashion-Profi weiß Ingrid um die Wirkung von matten oder samtigen Strukturen und Oberflächen und setzt diese Erfahrung jetzt im Interieur um. Im Bad hat sie aus dem Grund ein weiches Aquablau für die Wände und Fronten aus heller Eiche beim Waschtisch gewählt. Bei aller reduzierter Formsprache ist dadurch eine sinnliche Spa-Atmosphäre entstanden.

„Wir folgen in der Wohnung dem Licht", erklärt Ingrid. Das große Wohnzimmer ist am Morgen in Sonnenstrahlen getaucht, die Küche tagsüber und am Abend ziehen ihr Mann und sie sich in den kleinen Salon zurück. Dort, am Matthew Hilton Desk von De la Espada oder auf dem Sessel oder Sofa von Moroso, denken sie über weitere Optimierungen nach. „Wie beim Arbeiten ist man beim Einrichten schließlich nie fertig", lacht sie. Obwohl ihr Zuhause im Pariser Zen schon sehr perfekt auf die meisten Menschen wirkt.

....
» *Sanfte Pudertöne werden durch Möbel in knalligen Farben konterkariert. So entsteht ein extravaganter Look.*
....

218

„Man muss sein eigener Zensor sein."

INGRID JACQUIER

....

⌃ *Durch unterschied-*
liche Materialien
wirkt Schwarz nicht
eindimensional,
sondern bekommt eine
interessante Textur.

« *Matte oder samtige*
Strukturen und Ober-
flächen geben Räumen
eine wohnliche Note.

....

....

INGRIDS
PURISMUS-
ESSENTIALS

....

VERKEHRTE WELT

Stühle und Sessel sind oft in schlichten Farbe, kleine Gegenstände wie
Lampen öfter mal farbig. Ingrid hält
es genau anders herum: Ihre Leuchten
sind alle schwarz oder weiß. Dafür sind
einige Stühle und Sessel bunt. Überraschend und cool!

SAMT SEI DANK

Den glamourösen Stoff würde man
eher nicht einer puristischen Wohnung
vermuten. Ingrids Samtssofa schenkt
dem puristischen Ambiente die
richtige Portion Wärme.

FORMVERLIEBT

Couchtische, Wandschmuck und
Sessel kommen bei Ingrid oft in
runden, organischen Formen.
Ungewöhnlich und wunderbar!

O

HNE VIEL SCHNICK, OHNE VIEL SCHNACK: DIESER WOHNSTIL ÜBERZEUGT MIT UNDERSTATEMENT UND KLAREN, HOCHWERTIGEN FORMEN. NACH DEM MOTTO: WENIGER IST MEHR.

» Mit diesem treuen Gefährt arbeitet man doch gern die Nächte durch: Tischleuchte BL1 von Gubi.

≽ Klare Linien und natürliche Materialien: bei Purismus-Fans kommt es auf das Besondere an.

≽ Nein, es ist kein Stein, sondern eine Vase aus Keramik von Bloomingville. Faszinierend schön. Ähnelt einem Kunstwerk.

≽ Stuhl Bark kommt im schlichten Kleid. Der Klassiker von Norman Copenhagen ist pures Wohnvergnügen.

≽ Die Kommode Cleo II mit Hochglanz-Oberfläche ist zeitlos und sorgt für pure Wohnfreuden.

⌃ Viel Platz für Familie und Freunde befindet sich auf diesem Sofa. Ecksofas mit vielen Kissen (siehe Bild) sind das Gemütlichste überhaupt.

« ⌃ Kissen ohne viel Aufsehen: ob gestreift oder uni. Mit ihnen wird es gemütlich auf dem Sofa.

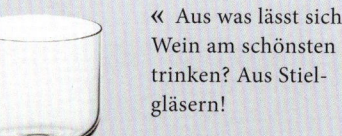

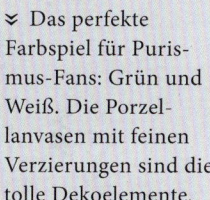

« Aus was lässt sich Wein am schönsten trinken? Aus Stielgläsern!

⌄ Das perfekte Farbspiel für Purismus-Fans: Grün und Weiß. Die Porzellanvasen mit feinen Verzierungen sind die tolle Dekoelemente.

IMPRESSUM

© 2015 Verlag Georg D.W. Callwey GmbH & Co. KG
Streitfeldstraße 35, 81673 München
www.callwey.de
E-Mail: buch@callwey.de

Bibliografische Information der Deutschen Nationalbibliothek
Die Deutsche Nationalbibliothek verzeichnet diese Publikation in der Deutschen Nationalbibliografie;
detaillierte bibliografische Daten sind im Internet über <http://dnb.d-nb.de> abrufbar.

ISBN 978-3-7667- 2190-7

Projektleitung: Caroline Ditting
Text: Alle Texte stammen exklusiv von Westwing
Lektorat: Petra Harms, München
Satz und Layout: Gramisci Editorialdesign, Stephanie Henzler und Sina Chakoh
Druck und Bindung: PHOENIX PRINT GmbH, Würzburg

Printed in Germany

BILDNACHWEIS

Alle Bilder stammen von Jan Pilarski mit Ausnahme von: Seite 28 – 35 Liselotte Habets; S. 36 – 41 West-
wing Brasilien; S. 88 – 93 Stephen Bradley; S. 116 – 121 Femque Schook; S. 148 – 155 Solène Cochet für
Westwing; S. 174 – 179 Femque Schook; S. 192 – 199 Francesco Romeo und Nico Lanubile für Dalani;
S. 210 – 215 Ruben Jacob Fees; S. 216 – 222 Solène Cochet für Westwing.
Es wurden folgende Tapeten verwendet: Seite 8 – 9 Honolulu von Graham & Brown; S. 44 – 45 Anto-
inette von Graham & Brown; S. 72 – 73 Flamingo von Graham & Brown; S. 96 – 97 Oriental Flair von
Prestigious Textiles; S. 124 – 125 Frames von Graham & Brown; S. 158 – 159 Mosaik von Graham &
Brown; S. 182 – 183 Botanic von Graham & Brown; S. 202 – 203 Stripe von Graham & Brown.

DANKE AN

meine wunderbare, talentierte Kollegin und Koautorin Teresa Mayer, die viele Stunden, lange Nächte
und ganz viel Herz in dieses Projekt gesteckt hat; Jan Pilarski, der die zauberhaften Fotos in diesem
Buch gemacht und alle zum Lächeln gebracht hat; das gesamte Westwing-Team, vor allem aber Se-
bastian Freitag, Anne von Rosenthal, Carolin Dietmann, Britta Wittgens, Hannah Neumann und Lea
Marquardt; all die lieben, inspirierenden Menschen, die ihre Türen für uns geöffnet haben!

WESTWING

ist ein Internet-Shopping-Portal für Möbel und Wohnaccessoires, erreichbar unter westwing.de. Das
Münchener Unternehmen wurde vor wenigen Jahren gegründet und zählt zu den erfolgreichsten Start-
ups weltweit mit insgesamt über 4 Millionen Kunden.

DELIA FISCHER

arbeitete als Redakteurin für Magazine wie Elle oder Elle Decoration. Vor wenigen Jahren gründete sie
Westwing Home & Living, einen exklusiven Shopping-Club rund um die Themen Interieur und Living,
der seinen Mitgliedern mehrmals pro Woche besondere Möbel, Wohnaccessoires und praktische
Haushaltshelfer von bekannten Designermarken wie auch aufstrebenden Jungdesignern anbietet. 2015
eröffnete sie zusätzlich das Online-Einrichtungshaus www.westwingnow.de, bei dem alle Produkte auf
den „Get the Look"-Seiten im Buch erhältlich sind.

TERESA MAYER

hat Modejournalismus studiert. Danach arbeitete sie einige Jahre in der Redaktion von Elle und Elle
Decoration. Seit 2013 leitet sie das internationale Online Magazin von Westwing Home & Living.
Teresa Mayer lebt in München.